Digitale Nachhaltigkeit - Nachhaltige Digitalisierung

Sophie Martinetz · Claudia Wutscher
(Hrsg.)

Digitale Nachhaltigkeit - Nachhaltige Digitalisierung

Springer

Hrsg.
Sophie Martinetz
WU Legal Tech Center
Wien, Österreich

Claudia Wutscher
WU Legal Tech Center
Wien, Österreich

ISBN 978-3-662-73380-6 ISBN 978-3-662-73381-3 (eBook)
https://doi.org/10.1007/978-3-662-73381-3

Die Deutsche Nationalbibliothek verzeichnet diese Publikation in der Deutschen Nationalbibliografie; detaillierte bibliografische Daten sind im Internet über https://portal.dnb.de abrufbar.

Springer ist ein Imprint der eingetragenen Gesellschaft Springer-Verlag GmbH, DE und ist ein Teil von Springer Nature.
Die Anschrift der Gesellschaft ist: Heidelberger Platz 3, 14197 Berlin, Germany

Vorwort

Die digitale und grüne Transformation zählen zu den zentralen Triebkräften tiefgreifender gesellschaftlicher Veränderungen. Sie prägen wirtschaftliche Prozesse, staatliches Handeln und individuelle Lebensrealitäten gleichermaßen. Dabei wirken beide Transformationsprozesse nicht isoliert, sondern in enger Wechselwirkung. Dem (öffentlichen) Recht kommt bei der Steuerung dieser sogenannten „Twin Transition" eine zentrale Bedeutung zu, legt es doch Rahmen, Voraussetzungen und Grenzen digitaler Nachhaltigkeit und nachhaltiger Digitalisierung fest.

Vor diesem Hintergrund widmet sich der vorliegende Band unterschiedlichen öffentlich-rechtlichen Fragestellungen in Zusammenhang mit der Twin Transition. Die Beiträge beruhen auf den Vorträgen des dritten WU Legal Tech Center Spring Symposiums, das am 28. Mai 2025 an der Wirtschaftsuniversität Wien stattgefunden hat. Sie behandeln zunächst verfassungsrechtliche Grundlagen: Zumal die Twin Transition erhebliche Transformationen im/des Faktischen mit sich bringt und auch mit einem „diskriminatorischen Potenzial" einhergeht, analysieren die Beiträge demnach, was der Verhältnismäßigkeitsgrundsatz für/in Transformationsprozesse/n *(Maria Bertel)* sowie was Gleichheits- und Nichtdiskriminierungsrechte für die Bekämpfung von „Digital Inequalities" bzw „Climate Inequalities" leisten können *(Claudia Wutscher)*.

Auf die Ebene des (europäischen) Verwaltungsrechts wechselnd geht es sodann um die „Nachhaltige Digitalisierung", nämlich darum, welche Rolle Digitalisierung im europäischen Grünen Deal und im Clean Industrial Deal spielt *(Walter Frenz)* bzw wie das europäische Umwelt- und Digitalrecht Nachhaltigkeitsrisiken digitaler Technologien adressiert bzw adressieren sollte *(Teresa Weber)*. Denn digitale Infrastrukturen sind ressourcenintensiv, energieaufwendig und in globale Lieferketten eingebettet, die erhebliche ökologische und soziale Belastungen verursachen. Ohne rechtliche Einhegung besteht aber die Gefahr, dass digitale Innovation bestehende Umweltprobleme verschärft, anstatt zu ihrer Lösung beizutragen.

Die umgekehrte Perspektive, die „digitale Nachhaltigkeit", und gleichzeitig die Bedeutung von „Daten" als Voraussetzung der Twin Transition behandeln die Beiträge zu Umweltschutz als Data Governance *(Anne Ixmeier)* sowie zu Datenaltruismus und Responsible AI *(Sarah Rachut)*. Sie zeigen erhebliche Potenziale von Data Governance und Datennachhaltigkeit für Innovation und Nachhaltigkeit; Digitalisierung kann insofern auch als Ermöglichungsbedingung rationaler, langfristig ausgerichteter Steuerung angesehen werden, die etwa Nachhaltigkeitsziele messbar, überprüfbar und steuerbar macht.

Abschließend werden Fragen der Finanzierung *(Philipp Fidler)* sowie der Raumnutzung *(Katharina Häusler)* behandelt, die neben Daten weitere Grundvoraussetzungen einer gelingenden Twin Transition darstellen.

Die Beiträge dieses Bandes zeigen übereinstimmend: Die digitale und grüne Transformation bringt große Chancen aber auch erhebliche Risiken mit sich. Ob sie zu mehr Nachhaltigkeit, Gerechtigkeit und Zukunftsfähigkeit führt, ist allerdings keine rein technische, sondern auch und vor allem eine rechtliche und normative Frage. Das Recht übernimmt dabei eine doppelte Funktion: Es begrenzt negative Auswirkungen, schützt Grund- und Gleichheitsrechte und sichert Verantwortlichkeit. Zugleich schafft es die Voraussetzungen dafür, dass digitale Werkzeuge und nachhaltige Zielsetzungen sinnvoll miteinander verbunden werden können. Die Beiträge analysieren idZ offene Fragen, Spannungsfelder, Defizite und Lücken, aber auch das Potenzial des Rechts, „Übersetzungsinstanz zwischen technischer Möglichkeit und gesellschaftlicher Verantwortung" *(Teresa Weber)* zu sein.

Entscheidend wird sein, die digitale und grüne Transformation, also Digitalisierung und Nachhaltigkeit nicht getrennt, sondern integriert zu denken. Die zentrale Herausforderung wird daher darin bestehen, einen Rechtsrahmen zu entwickeln, der digitale Innovation konsequent an ökologischen Belastungsgrenzen, sozialen Schutzinteressen und rechtsstaatlichen Prinzipien ausrichtet und umgekehrt von den technologischen Möglichkeiten Gebrauch macht, um Nachhaltigkeitsziele zu erreichen. Nur so kann die doppelte Transformation zu einem Prozess werden, der nicht nur effizient, sondern auch legitim, gerecht und dauerhaft tragfähig ist. Für die Frage, wie das gelingen kann, wollen die im vorliegenden Band versammelten Beiträge Denkanstöße liefern.

Wien
im Feburar 2026

Mag. Sophie Martinetz & az. Prof. Dr.
Claudia Wutscher, BA

Inhaltsverzeichnis

Abkürzungsverzeichnis

aaO	am angegebenen Ort
Abs	Absatz
ACM	Association for Computing Machinery
AEUV	Vertrag über die Arbeitsweise der Europäischen Union
AG	Aktiengesellschaft
Art	Artikel
BHG	Bundeshaushaltsgesetz
Bill	Billionen
BM	Bundesminister
Breg	Bundesregierung
BVerG	Bundesverfassungsgericht
CMLR	Common Market Law Review
CSRD	Corporate Sustainability Reporting Directive
DA	Data Act
DGA	Digital Governance Act
DMA	Digital Markets Act
DSA	Digital Services Act
DS-GVO	Datenschutz-Grundverordnung
EGMR	Europäischer Gerichtshof für Menschenrechte
EMRK	Konvention zum Schutz der Menschenrechte und Grundfreiheiten
Endg	endgültig
ErwGr	Erwägungsgrund
ESG	Environmental, Social and Governance
ESGZ	Zeitschrift für nachhaltige Unternehmensführung
etc	et cetera
EU	Europäische Union
EuG	Gericht der Europäischen Union
EuGH	Gerichtshof der Europäischen Union
EuR	Europarecht Zeitschrift
EWS	Europäisches Wirtschafts- und Steuerrecht
EWS	Europäisches Wirtschafts- und Steuerrecht – EWS Zeitschrift

f	folgende
FAZ	Frankfurter Allgemeine Zeitung
ff	fortfolgende
GmbH	Gesellschaft mit beschränkter Haftung
GPR	Zeitschrift für das Privatrecht der Europäischen Union
GRC	Charta der Grundrechte der Europäischen Union
GWB	Gesetz gegen Wettbewerbsbeschränkungen (DE)
HEG-KI	Hochrangige Expertengruppe für künstliche Intelligenz
Hg	Herausgeber
insb	insbesondere
jM	juris – Die Monatszeitschrift
jurisPR	juris PraxisReport
jurisPR-BKR	juris PraxisReport Bank- und Kapitalmarktrecht
jurisPR-ITR	juris PraxisReport IT-Recht
Kap	Kapitel
KI-VO	Verordnung über künstliche Intelligenz
KKG	Kreditdienstleister- und Kreditkäufergesetz
KMU	Kleine und mittlere Unternehmen
KOM	Europäische Kommission
MMR	Zeitschrift für das Recht der Digitalisierung, Datenwirtschaft und IT
Mrd	Milliarden
mwN	mit weiteren Nachweisen
NJW	Neue Juristische Wochenschrift
NR	Nachhaltigkeitsrecht – Zeitschrift für das Recht der nachhaltigen Entwicklung
NuR	Natur und Recht
ÖBA	Österreichisches Bankarchiv
ÖJA	Österreichisches Juristenarchiv
ÖNIP	Österreichischer Netzinfrastrukturplan
ÖROK	Österreichische Raumordnungskonferenz
RdU	Recht der Umwelt
respACT	respACT – austrian business council for sustainable development
RL	Richtlinie
Rn	Randnummer
RWK	Reporting & Wirtschaft Kompakt
Rz	Randziffer
SDG	Sustainable Development Goals
SFDR	Sustainable Finance Disclosure Regulation
SIU	Spar- und Investitionsunion
Sog	Sogenannte
SUP	Strategische Umweltprüfung
u. a.	unter anderem
vgl	vergleiche
RphZ	Rechtsphilosophie – Zeitschrift

VfSlg	Sammlung der Erkenntnisse und wichtigsten Beschlüsse des Verfassungsgerichtshofes
Lit	Literatur
JZ	Juristenzeitung
MLR	ModernLawReview
ggf	gegebenenfalls
VO	Verordnung
ZÖR	Zeitschrift für öffentliches Recht
WFA	wirkungsorientierte Folgenabschätzung
WIFO	Österreichisches Institut für Wirtschaftsforschung
WiR	Studiengesellschaft für Wirtschaft und Recht
z. B.	zum Beispiel
ZfPW	Zeitschrift für die gesamte Privatrechtswissenschaft
ZHR	Zeitschrift für das gesamte Handelsrecht und Wirtschaftsrecht
ZPMRK	Zusatzprotokoll zur Europäischen Menschenrechtskonvention
ZVers	Fachzeitschrift für Versicherungsrecht

Transformationsprozesse und Verhältnismäßigkeitsgrundsatz

Maria Bertel

Inhaltsverzeichnis

Zusammenfassung Ausgehend von einer Auseinandersetzung mit dem Begriff der Transformation im/des Faktischen, (in) der Gesellschaft und (in) der Gemeinschaft sowie (in) der Rechtsordnung, geht dieser Beitrag allgemein auf die Bedeutung des Rechts für Transformationsprozesse ein, bevor er sich der Frage widmet, was der

Herzlicher Dank für Recherchen sowie die redaktionelle Betreuung des Textes gilt meinen studentischen Mitarbeiterinnen Jelice Fössner und insbesondere Nina Sophie Hajdinyak.

M. Bertel (✉)
Institut für Öffentliches Recht und Politikwissenschaft, Universität Graz, Graz, Österreich
e-mail: maria.bertel@uni-graz.at

S. Martinetz und C. Wutscher (Hrsg.), *Digitale Nachhaltigkeit – Nachhaltige Digitalisierung,* https://doi.org/10.1007/978-3-662-73381-3_1

Verhältnismäßigkeitsgrundsatz für/in Transformationsprozesse/n leisten kann. Er arbeitet sich dabei an den unterschiedlichen Bedeutungen der Verhältnismäßigkeit ab, die demnach nicht nur formal-prozedural verstanden werden kann, sondern auch materielle Anforderungen im ökonomischen wie grundrechtlichen Kontext sowie über die Zeit voraussetzt.

Schlüsselwörter Transformationsprozesse · Verhältnismäßigkeitsgrundsatz · Verhältnismäßigkeitsprinzip · Digitalisierung · Transformationsrecht · Nachhaltigkeit

1 Einleitung

Mit dem Generalthema der digitalen Nachhaltigkeit und der nachhaltigen Digitalisierung stehen zwei aktuelle und wichtige der Menschheit gestellte Handlungsfelder im Mittelpunkt dieser Tagung. Dabei geht es um die Auslotung des Verhältnisses zwischen Nachhaltigkeit und Digitalisierung und den sich aus diesen ergebenden, zumindest teilweise widersprüchlichen Zielen. Die zentrale Frage meines Beitrages ist, welche Rolle der Verhältnismäßigkeitsgrundsatz für Transformationsprozesse die beiden Bereiche, sowohl die Nachhaltigkeit als auch die Digitalisierung, betreffen, entfaltet.

2 Transformation und Transformationsprozesse

Transformation ist nach dem Duden synonym zu setzen mit „Einrichtung, Übergang, Verwandlung, Wechsel.“[1] Die Transformation ist damit nicht statisch, sondern ein Vorgang, der eine zeitliche Dimension aufweist, und damit dynamisch ist. Diese zeitliche Dimension drückt sich auch darin aus, dass der Begriff der Transformation vielfach mit dem des Prozesses verknüpft ist.[2] Als Prozess wird ein „sich über eine gewisse Zeit erstreckender Vorgang, bei dem etwas [allmählich] entsteht, sich herausbildet“[3] definiert. Das Hinzufügen des Begriffs des „Prozesses“ betont damit das Überganghafte, das jedoch der Transformation schon an sich eigen ist. Wird der Begriff des Transformationsprozesses verwendet, so verschiebt dies den Blick auf den Vorgang des Übergangs. Die materielle bzw. inhaltliche Veränderung rückt in den Hintergrund.

[1] Dudenredaktion, Synonyme zu Transformation <https://www.duden.de/node/263197/revision/1509695>.

[2] Siehe z. B. *Bärnthaler/Novy* in Peer/Semlitsch/Güntner/Haas/Bernögger 232 m. w. N. auf die Literatur; *Kirchner/Ehmke* in Kollmorgen/Merkel/Wagener 455.

[3] Dudenredaktion, Wörterbuch zu Prozess <https://www.duden.de/rechtschreibung/Prozess>.

Die Transformations- oder Übergangs-, Verwandlungs- oder Wechselprozesse, die im Folgenden betrachtet werden, sind dem Feld „Digitalisierung“ und dem Feld „Klimawandel- bzw. Nachhaltigkeit“ zuzuordnen. Während es beim Klimawandel um die Frage der Erhaltung der natürlichen Lebensgrundlagen geht,[4] steht bei der Digitalisierung[5] insbesondere die Veränderung der Kommunikation (von Mensch zu Mensch, aber auch von Maschine zu Mensch, oder von Maschine zu Maschine) im Mittelpunkt.[6]

Trotz ihrer unterschiedlichen Ausrichtung weisen die Felder Gemeinsamkeiten auf: So sind sowohl die Digitalisierung als auch der Klimawandel grenzüberschreitende Phänomene.[7] Sie sind als globale Transformationsprozesse zu begreifen, die man zwar für einen bestimmten begrenzten Bereich, etwa den Nationalstaat untersuchen kann, die aber dennoch in eine globale Entwicklung eingebunden sind. Dementsprechend spielen für beide Bereiche globale Zusammenhänge eine entscheidende Rolle.[8]

3 Transformationsprozesse in Gesellschaft, Gemeinschaft und Recht

Für die folgenden Ausführungen soll die Transformation in unterschiedlichen Konstellationen betrachtet werden: Transformation im/des Faktischen, Transformation in/der Gesellschaft, Transformation in/der Gemeinschaft, Transformation des Rechts sowie Transformationsrecht als neues Rechtsgebiet.

---

[4] BVerfG 24.03.2021, 1 BvR 2656/18, 1 BvR 78/20, 1 BvR 96/20, 1 BvR 288/20.

[5] Zu Recht verweist *Peuker,* Verfassungswandel durch Digitalisierung 17 darauf, dass der Begriff der Digitalisierung dabei oft in einem weiten Sinne verstanden wird. Der Digitalisierungsbegriff steht dann „als Chiffre für den umfassenden gesellschaftlichen bzw. kulturellen Wandel […], der durch die Entwicklung neuer digitaler informations- und kommunikationstechnischer Systeme angestoßen wurde“ (17).

[6] *Peuker,* Verfassungswandel durch Digitalisierung 20; zu den veränderten Rahmenbedingungen der Kommunikation zwischen Menschen durch digitale Kommunikationsmittel vgl. *Rachut,* Grundrechtsverwirklichung in digitalen Kontexten 190 ff.

[7] Das deutsche BVerfG hat in seinem Beschluss vom 24.03.2021, 1 BvR 2656/18, 1 BvR 78/20, 1 BvR 96/20, 1 BvR 288/20 den globalen Charakter des Klimawandels hervorgehoben und betont, dass Art. 20a GG den Staat auch zu international ausgerichtetem Klimaschutz verpflichtet; *Binder/Ritter* in *Ennöckl* 3; ähnlich auch *Eichenhofer,* RphZ 2023, 343 f. zur grenzüberschreitenden Natur digitaler Kommunikation im Lichte des im Begriff „Digitalisierung“ enthaltenen gesellschaftlich-kulturellen Wandels.

[8] Siehe *Eichenhofer,* RphZ 2023, 334 zur Notwendigkeit einer ganzheitlichen, relationalen Betrachtung der Digitalisierung; *Binder/Ritter* in Ennöckl 3; siehe zur grenzüberschreitenden Einsatzmöglichkeit von KI-Systemen in ErwGr. 3 KI-VO 1689/2024/EU.

3.1 *Transformation im/des Faktischen*

Es geht dabei zunächst um Transformationen im Faktischen (etwa steigende Temperaturen[9] oder den sog. „digitalen Kapitalismus“[10]), die das Zusammenleben der Menschen in der Gemeinschaft und in der Gesellschaft verändern. Für meine folgenden Ausführungen ist relevant, dass beide Vorgänge, Digitalisierung wie Klimawandel, faktische Veränderungen hervorrufen, die nicht nur das gesellschaftliche Zusammenleben, sondern auch das gemeinschaftliche Zusammenleben verändern. Die Unterscheidung in Gemeinschaft und Gesellschaft geht auf den deutschen Soziologen *Ferdinand Tönnies* zurück,[11] wird in der Folge jedoch in einem weiteren Sinne verwendet.

3.2 *Transformation in/der Gesellschaft*

Mit Gesellschaft wird in der Soziologie „der umfassende, keineswegs durch Staatsgrenzen begrenzte Zusammenhang aller sozialen Strukturen und Prozesse verstanden [...]. Im Sinne einer formalen Definition kann unter Gesellschaft zunächst das komplexe Geflecht der Beziehungen zwischen sozialen Ereignissen und Teilbereichen verstanden werden. [...] Feststellbar ist zunächst: In Gesellschaft geschieht vieles gleichzeitig, ist irgendwie aufeinander bezogen, aber es gibt keine zentrale Steuerungsinstanz und auch keine Adresse, unter der die Gesellschaft erreichbar wäre.“[12] Es geht darum, dass „Gesellschaft auf historisch gewordene Verhältnisse, auf komplexe Strukturen und Dynamiken verweist, auf den nicht zufälligen und nicht beliebigen Zusammenhang von Verflechtungen, Abhängigkeiten und wechselseitigen Einflussnahmen, in denen unterschiedliche Teilbereiche des Sozialen zueinander stehen (also unter anderem Politik, Sozialstaat, Wirtschaft, Recht, Wissenschaft, Massenmedien, Sport, Kunst, Religion und Alltagsleben, aber auch Pädagogik und Soziale Arbeit)“.[13] Mit Gesellschaft ist zumeist die „bürgerliche Gesellschaft [... gemeint, die] v. a. Markt- und Rechtsgesellschaft“[14] ist. Die Gesellschaft steht dabei in einem Verhältnis zum Staat: Insbesondere der Liberalismus macht „deutlich, wie eine staatsfreie Sphäre – die bürgerliche Gesellschaft als Handlungsraum autonomer, anonym über den Markt verbundener Individuen – überzeugend gedacht und gleichwohl durch einen starken (Rechts-)Staat nach innen wie nach außen geschützt

---

[9] Zum Klimawandel vgl. die Berichte des Weltklimarates Intergovernmental Panel on Climate Change (IPCC) <https://www.ipcc.ch/>.

[10] Zur Digitalisierung und ihrer Definition sowie den „digitalen Kapitalismus“ *Wienold/Stäheli* in Benkel/Bührmann/Klimke/Lautmann/Stäheli/Weischer/Wienold 247 f.

[11] *Tönnies*, Gemeinschaft und Gesellschaft.

[12] *Scherr* in Scherr 89.

[13] *Scherr* in Scherr 91.

[14] *Schäfers* in Kopp 160.

werden soll."[15] Bei den durch Digitalisierung und Klimawandel erfolgenden Transformationsprozessen geht es vielfach um die Abgrenzung dieser staatsfreien Sphäre von der des Staates.

Transformation in bzw. der Gesellschaft erfasst damit die Veränderungen in den vielfältigen Abhängigkeiten sozialer Strukturen und Prozesse,[16] insbesondere auch des Verhältnisses zwischen Gesellschaft und Staat.

3.3 Transformation in/der Gemeinschaft

Der Gemeinschaftsbegriff ist ein anderer. Er „ist einer der am häufigsten genutzten Begriffe zur Bezeichnung jener Formen menschlichen Zusammenlebens, die als besonders eng, vertraut, aber auch als ursprünglich und dem Menschen ‚wesensgemäß' angesehen werden"[17]: „Während Gemeinschaften durch direkte persönliche Beziehungen zwischen Individuen, Gefühle der Ähnlichkeit und Sympathie, durch und [sic] gemeinsame Erfahrungen, Praktiken, Überzeugungen, Normen oder Werten gekennzeichnet sind, bestehen gesellschaftliche Zusammenhänge gerade auch zwischen Individuen, die sich nicht kennen, die höchst unterschiedliche Erfahrungen machen sowie deren politische, religiösen und alltagsmoralischen Vorstellungen sich unterscheiden."[18] Transformation in bzw. der Gemeinschaft erfasst damit die Veränderungen in den direkten persönlichen Beziehungen innerhalb einer Erfahrungs- oder Wertegemeinschaft.

3.4 Zwischenergebnis

Die genannten Felder „Digitalisierung" wie „Klimawandel bzw. Nachhaltigkeit" können zunächst in einem weiten Sinne als faktische Veränderungen bzw. als faktische Veränderungen auslösend verstanden werden. Dies betrifft das Zusammenleben in der Gesellschaft wie in der Gemeinschaft.

Während der gemeinschaftliche Aspekt die Werte, die das Zusammenleben auch unter den Vorzeichen der Digitalisierung und des Klimawandels regeln, (und die sich von den oben beschriebenen „gemeinsame[n] Erfahrungen, Praktiken, Überzeugungen, Normen oder Werten" ableiten lassen), in den Blick nimmt, geht es beim gesellschaftlichen Aspekt um die Transformation sozialer Strukturen und Prozesse.

---

[15] *Schäfers* in Kopp 160.

[16] In diese Richtung auch *Peuker,* Verfassungswandel 27 f., der für die Transformation der Gesellschaft durch die Digitalisierung auf den „sozialwissenschaftlich-phänomenologische[n] Ansatz" (27) verweist.

[17] *Schäfers/Lehmann* in Kopp 143.

[18] *Scherr* in Scherr 92.

Gerade für den Bereich der Digitalisierung ist die gesellschaftliche Transformation tiefgreifend.[19]

Beide Aspekte, gemeinschaftliche wie gesellschaftliche, können dabei über Rechtsnormen geschützt sein, so etwa durch Grundrechte, allen voran Art. 8 EMRK, der sowohl in der Digitalisierung[20] als auch im Klimawandel[21] Schutzwirkungen entfaltet.

3.5 *Transformation in/der Rechtsordnung und Transformationsrecht*

Diese faktischen schon eingetretenen oder erwarteten Transformationen insbesondere in der Gesellschaft erfordern eine Anpassung der Regeln unseres Zusammenlebens. Dem Recht kommt hier eine Schlüsselfunktion zu, weil es einende und steuernde, damit friedenssichernde, Wirkung entfalten kann.[22] Notwendig ist also eine Transformation der Rechtsordnung, die – zumindest teilweise – durch besondere rechtliche Instrumente und Verfahren, die ggf. nur übergangsmäßig zur Anwendung gelangen,[23] erreicht werden soll. Für diesen Vorgang der Synchronisation und die dafür notwendigen rechtlichen Wandlungen oder Veränderungen werden in der Literatur von manchen Autor:innen der Begriff des „Transformationsrechts"[24] oder damit verwandte Begriffe, etwa „Übergangsrecht"[25] verwendet. Diesen gemeinsam ist, dass es sich um Bestimmungen für den Übergang handelt, mit deren Hilfe die notwendigen rechtlichen Transformationen erreicht werden sollen.[26] Nicht ausgeschlossen ist dabei, dass durch Transformationsrecht neue Institutionen, neue Verfahren,

---

[19] *Süssenguth* in Süssenguth 7 f.

[20] Schon früh z. B. *Ennöckl,* Der Schutz der Privatsphäre in der elektronischen Datenverarbeitung 39 ff.

[21] Zum Beispiel EGMR (GK) 09.04.2024, 53600/20 (Verein KlimaSeniorinnen Schweiz and Others/CH) und dazu *Hollaus,* JBl 2024, 485.

[22] *Jakl* in Jakl/Brunhöber/Grieser/Ottmann/Wihl 11; siehe ebenfalls *Vašek* in Jakl/Brunhöber/Grieser/Ottmann/Wihl 21.

[23] Zu den mit Übergangs*regelungen* verbundenen Problemen *Pieroth,* Rückwirkung und Übergangsrecht 20, 71.

[24] *Handstanger,* juridikum 2024, 528; *Plankensteiner,* juridikum 2024, 448; *Kjaer,* juridikum 2024, 537 f. mit Verweis auf seine Ausführungen zur Gesellschaftstheorie in *Kael* in Bartl/Lawrence 219 f.

[25] Der Begriff des Übergangsrechts legt den Fokus darauf, dass die jeweiligen Bestimmungen für eine vorübergehende Zeit zur Anwendung gelangen, während das Transformationsrecht den Fokus mehr auf die damit verbundenen faktischen Veränderungen abstellt. Zur Definition des Begriffs der Übergangsregelungen näher *Pieroth,* Rückwirkung und Übergangsrecht 71; in diese Richtung auch *Lachmayer/Müller,* juridikum 2023, 317.

[26] *Feichtner,* Essay: The Law Clinic Transformation Law – A modest attempt to democratize law and legal education for social-ecological change (2022) <https://www.jura.uni-wuerzburg.de/fileadmin/02140031/2023/Essay_The_Law_Clinic_Transformation_Law_by_Isabel_Feichtner.pdf> „the term „transformation law" alludes to a law and legal science that is transformative of societal

oder eine neue Lesart der bestehenden Rechtsordnung (wie sie etwa in der Figur des Verfassungswandels[27] in Erscheinung tritt) als Ausdruck der Transformation im Recht oder der Transformation des Rechts zustande kommen. Transformationsrecht („Recht des Übergangs") und Transformation im oder des Rechts (neue Institutionen, Verfahren, oder ein neues Verständnis von einzelnen Rechtsinstituten) können damit voneinander unterschieden werden.

4 Verhältnismäßigkeitsgrundsatz

4.1 Erfolgsgeschichte

Die Geschichte der Verbreitung und Entwicklung des Verhältnismäßigkeitsgrundsatzes kann als Erfolgsgeschichte bezeichnet werden.[28] Kaum ein Verfassungsgericht, das keine Verhältnismäßigkeitserwägungen anstellt.[29] Die Literatur zum Thema ist umfangreich.[30]

Die Wurzel der Verhältnismäßigkeit liegt im Polizeirecht.[31] Demnach hat sich das Verhältnismäßigkeitsgebot aus dem Gebot des Maßhaltens bei polizeilichen Handlungen heraus entwickelt.[32] Diese Wurzel zeigt auch schon, dass es – zumindest historisch betrachtet – um die Verhältnismäßigkeit staatlicher bzw. dem Staat zurechenbarer Akte und Handlungen ging. Diese Idee findet sich auch in modernen

institutions and relations, aiming to reconcile freedom and prosperity for all"; siehe dazu auch mit Verweis auf *Feichtner Lachmayer/Müller,* juridikum 2023, 319.

[27] *Peuker,* Verfassungswandel durch Digitalisierung 65 ff.; *Volkmann,* JZ 2018, 265 f., 271; *Haack,* JZ 2017, 213 f. m. w. N. auf die Literatur.

[28] *Klatt* in Herlin-Karnell/Klatt 159 mit Verweis auf *Klatt/Meister,* The Constitutional Structure of Proportionality 1 ff. m. w. N. zur Literatur.

[29] *Klatt* in Herlin-Karnell/Klatt 186 m. w. N. auf die Literatur; so verweist auch *Jackson,* Yale Law Journal 2015, 3096 darauf, dass die Verhältnismäßigkeit in vielen Ländern ein anerkanntes verfassungsrechtliches Prinzip darstellt; zur universellen Verbreitung siehe auch *Jakab,* EuGRZ 2024, 204; siehe *Xiao,* ICON 2023, 462 ff. zu den Verbreitungswegen der Verhältnismäßigkeit von Europa aus bis nach China.

[30] Beispielhaft *Holoubek,* ZÖR 2019, 867; *Lachmayer* in FS Schulev-Steindl 333; *Dopplinger/Mörth,* JBl 2023, 341; *Barak,* Proportionality. Constitutional Rights and their Limitations; *Petersen,* Proportionality and Judicial Activism; *Rivers,* MLR 2014, 409.

[31] *Saurer,* Der Staat 2012, 3; *Uhlmann/Bukovac* in Uhlmann 50; vgl außerdem *Lachmayer* in FS Schulev-Steindl 334 f. m. w. N., insb. zu *Raschauer,* Allgemeines Verwaltungsrecht[5] Rz 626.

[32] *Schlink,* Duke Journal of Comparative & International Law 2012, 294; *Müller* in Uhlmann 10; *Jakab,* EuGRZ 2024, 207 m. w. N. auf die Literatur in Fn. 44.

Ausprägungen des Verhältnismäßigkeitsgebotes, etwa im Zuge von Grundrechtsprüfungen.[33] Daneben zeigt sich, dass auch das private Handeln an Verhältnismäßigkeitsvorgaben geknüpft werden kann.[34] Als eine solche Ausprägung können im österreichischen Recht etwa das Wucherverbot oder die sog. laesio enormis erachtet werden.[35]

Damit wird schon deutlich, dass die Verhältnismäßigkeit näher zu bestimmen ist[36]: In der Folge soll die Verhältnismäßigkeit zunächst als Verfahren (als Komponente des Transformationsrechts), in Bezug auf den Kontext (Transformation im/des Rechts), und schließlich im Zusammenwirken von Verfahren und Kontext skizziert werden.

4.2 Verhältnismäßigkeitsgrundsatz als Verfahren

Die Verhältnismäßigkeit als Verfahren[37] soll hier im weitesten aller möglichen Sinne grundgelegt werden: Als Verfahren dient sie der Bewertung von Mitteln in Bezug auf einen bestimmten Zweck bzw. ein bestimmtes Ziel,[38] zumeist mit dem Anspruch den Mitteleinsatz möglichst schonend zu halten.[39] Dabei zeigt sich, dass für eine Verhältnismäßigkeitsprüfung einerseits Ziele bekannt sein müssen,[40] andererseits aber auch Mittel gegeben sein müssen.[41] Die Betonung des Prozesshaften der Verhältnismäßigkeit kann dabei als Komponente eines Transformationsrechts angesehen werden, weil die der Verhältnismäßigkeit immanenten Verfahrensschritte den Prozess des Übergangs strukturieren.

Die konkreten Verfahrensschritte einer Verhältnismäßigkeitsprüfung sind dabei genauer zu bestimmen: Bei einer klassischen Grundrechtsprüfung wird bekanntermaßen von einer (meist) vierstufigen Prüfung ausgegangen.[42] Es ist jedoch auch

---

[33] *Öhlinger/Eberhard,* Verfassungsrecht[14] Rz. 707 f., 715 ff.

[34] So verweist auch *Jakab,* EuGRZ 2024, 205 m. w. N. darauf, dass die Verhältnismäßigkeitsprüfung nicht nur im grundrechtlichen Kontext, sondern auch darüber hinaus eine Rolle spielen kann.

[35] Bei beiden wird das Verhältnis zwischen Leistung und Gegenleistung einer Angemessenheitskontrolle unterworfen, siehe hierzu *Bydlinski,* Allgemeiner Teil des Bürgerlichen Rechts[10] Rz. 7/39, 8/43.

[36] In diese Richtung auch *Jakab,* EuGRZ 2024, 204, der von „zahlreiche[n] Unterarten der Verhältnismäßigkeitsprüfung" schreibt.

[37] So auch *Lachmayer* in FS Schulev-Steindl 337, der ausdrücklich auf eine verfahrensrechtliche Dimension des Verhältnismäßigkeitsprinzips verweist.

[38] *Berka,* Verfassungsrecht[8] Rz. 1300; *Saurer,* Der Staat 2012, 4.

[39] *Möller,* The global model of constitutional rights 13.

[40] Zur Herleitung bzw Begründung der Zielsetzungen einer policy, vgl. *Möller,* ICON 2012, 712.

[41] *Schlink,* Duke Journal of Comparative & International Law 2012, 299.

[42] Siehe hierzu die nachfolgenden Ausführungen zum grundrechtlichen Kontext der Verhältnismäßigkeit in Punkt 4.4.3.

denkbar, die Verhältnismäßigkeit (und das damit einhergehende Verfahren) anders zu verstehen.[43]

Wird die Verhältnismäßigkeit als Verfahren verstanden, kann ihr legitimierende Funktion zukommen, wie es *Jakab* mit der „[r]etrospektive[n] Transparenz in der Begründung"[44] zum Ausdruck bringt. Demgegenüber zeigt sich in der ex-ante Perspektive, dass es „einer Einschätzung der Sachlage und der damit verbundenen hoheitlichen Handlungsoptionen [bedarf], von denen eben jene Variante zu wählen ist, die unter Abwägung der involvierten öffentlichen wie privaten Interessen und Rechtspositionen sich als die adäquatere erweist."[45] Diese Einschätzung der Sachlage steht in engem Zusammenhang zu einem konkreten Kontext.

4.3 Verhältnismäßigkeitsgrundsatz im Kontext

Ziele und Mittel stehen nicht isoliert von einem konkreten Kontext, wodurch schon deutlich wird, dass die Verhältnismäßigkeit nicht abstrakt betrachtet werden kann, sondern als kontextbezogenes Verfahren zu erachten ist. Was Schonung bedeutet und im Hinblick worauf ein schonender Mitteleinsatz verfolgt werden soll, lässt sich erst aus dem Kontext ermitteln.[46] Nur mithilfe des Kontextes können Handlungsoptionen identifiziert und das gelindeste zum Ziel führende Mittel gewählt werden.

Die Bewertung von Zielen und Mitteln kann wiederum von verschiedenen Gesichtspunkten aus vorgenommen werden, die ebenso vom Kontext abhängen können. Eine solche Bewertung kann etwa in Bezug auf ökonomische Kriterien, über die Zeit oder in Bezug auf grundrechtliche Schutzgüter betrachtet werden.

Mit dem Fokus auf den Kontext rückt die materielle Transformation im Recht stärker in den Blick. Mithilfe der Verhältnismäßigkeit können somit auch geänderte materielle Gehalte im Recht bewertet werden.

4.4 Verhältnismäßigkeitsgrundsatz als Verfahren im Kontext

4.4.1 Ausgangspunkt

Für Transformationsprozesse und deren rechtliche Einordnung bzw. Bewertung spielen beide Aspekte des Verhältnismäßigkeitsgrundsatzes, der verfahrensrechtliche wie der der Kontextabhängigkeit, eine Rolle. Im Folgenden sollen deshalb unterschiedliche Ausprägungen beschrieben werden.

---

[43] *Porat,* Proportionality, in Max Planck Encyclopedia of Comparative Constitutional Law Rz. 12 <https://oxcon.ouplaw.com/display/10.1093/law-mpeccol/law-mpeccol-e38?prd=OXCON>.

[44] *Jakab,* EuGRZ 2024, 205.

[45] *Lachmayer* in FS Schulev-Steindl 344.

[46] So verweist *Möller,* ICON 2012, 724 f. explizit auf den Kontext.

4.4.2 … als ökonomisches Verfahren

Betrachtet man die Bewertung von Mitteln in Bezug auf einen bestimmten Zweck aus (ausschließlich) ökonomischer Perspektive, so kann man die Verhältnismäßigkeit als spezifische Ausprägung einer Kosten-Nutzen-Rechnung deuten.[47] Der staatliche Mitteleinsatz soll einem möglichst hohen Zielerreichungsgrad gegenüberstehen bzw. soll ein bestimmtes Ziel mit möglichst geringem staatlichem Mitteleinsatz erfolgen.

Ob die Rechtsanwender:innen eine solche ökonomische Bewertung auf der Grundlage des Verhältnismäßigkeitsgrundsatzes vorzunehmen haben, lässt sich nicht aus dem Verhältnismäßigkeitsgrundsatz selbst ableiten, sondern muss rechtlich vorgegeben sein, etwa indem vom Gesetzgeber in Zusammenhang mit der Normierung des Verhältnismäßigkeitsgrundsatzes auf die Sparsamkeit oder die Wirtschaftlichkeit verwiesen wird.[48]

4.4.3 … über die Zeit

Als Vorgabe über die Zeit Maß zu halten, können Einrichtungen wie die Normierung der Generationengerechtigkeit,[49] etwa als Zielbestimmung, betrachtet werden. Denn: „[j]e häufiger […] eine Berücksichtigung der Interessen künftiger Generationen in der Rechtsordnung explizit oder implizit Erwähnung findet, desto mehr Gewicht [… kann] künftigen Generationen in Abwägungsentscheidungen und insbesondere in grundrechtlichen Abwägungen im Rahmen des Verhältnismäßigkeitsprinzips zukommen."[50] Die Generationengerechtigkeit selbst kann dabei als materielle Vorgabe des Maßhaltens gesehen werden, die insbesondere im Rahmen der verfahrensrechtlichen Dimension des Verhältnismäßigkeitsgebotes als Teil einer grundrechtlichen Rechtfertigungsprüfung zum Tragen kommt. Dies kommt etwa auch im Klimabeschluss des deutschen Bundesverfassungsgerichts zum Ausdruck.[51]

---

[47] *Chang/Dai,* The limited usefulness of the proportionality principle, ICON 2021, 1115 f. erachten die Verhältnismäßigkeit gar als eine mindere Option zu einer Kosten-Nutzen-Rechnung.

[48] Vgl z. B. Art. 126b Abs. 5 B-VG: „Die Überprüfung des Rechnungshofes hat sich auf die ziffernmäßige Richtigkeit, die Übereinstimmung mit den bestehenden Vorschriften, ferner auf die Sparsamkeit, Wirtschaftlichkeit und Zweckmäßigkeit zu erstrecken." Der Prüfmaßstab des Rechnungshofes könnte als besondere Ausprägung eines Verhältnismäßigkeitsgebotes erachtet werden, worauf die den Rechnungshofprüfkriterien immanente Wirtschaftlichkeit als Mittel-Zweck-Relation hindeutet, siehe dazu etwa *Kroneder-Partisch,* Art 126b B-VG Rz. 34. Allerdings handelt es sich hierbei um den Prüfungsmaßstab für die Kontrolle des Rechnungshofs.

[49] Vgl z. B. Art. 1 S. 1 BVG Kinderrechte: „Jedes Kind hat Anspruch auf den Schutz und die Fürsorge, die für sein Wohlergehen notwendig sind, auf bestmögliche Entwicklung und Entfaltung sowie auf die Wahrung seiner Interessen auch unter dem Gesichtspunkt der Generationengerechtigkeit."

[50] *Bertel* in FS Schulev-Steindl 31.

[51] BVerfG 24.03.2021, 1 BvR 2656/18, 1 BvR 78/20, 1 BvR 96/20, 1 BvR 288/20; Dies kommt auch bei *Eifert,* ZÖR 2022, 543 zum Ausdruck, der explizit auf die Verhältnismäßigkeit im Faktischen verweist: „Die Pflicht zur Planung sichert nur die Verhältnismäßigkeit des weitgehenden frühzeitigen Verbrauchs des Emissionsbudgets ab."

4.4.4 … im grundrechtlichen Kontext

Im grundrechtlichen Kontext hat sich – vor dem Hintergrund der Judikatur des EGMR, des EuGH und des VfGH[52] – ein vierstufiges Prüfungsschema entwickelt:

Auf der ersten Stufe wird geprüft, ob eine staatliche Maßnahme im öffentlichen Interesse liegt bzw. der Verwirklichung eines öffentlichen Interesses dient.[53]

Auf der zweiten Stufe wird geprüft, ob die gewählte staatliche Maßnahme geeignet ist, diesem öffentlichen Interesse zu dienen.[54]

Auf der dritten Stufe wird geprüft, ob die staatliche Maßnahme auch das gelindeste zum Ziel führende Mittel ist, oder ob andere Mittel weniger stark in die grundrechtliche Position eingreifen.[55]

Auf vierter Stufe schließlich erfolgt eine Prüfung dahingehend, ob die Verhältnismäßigkeit im engeren Sinne gegeben ist.[56]

Die Verhältnismäßigkeit kann so im grundrechtlichen Kontext einen Ausgleich zwischen öffentlichen Interessen (nämlich an der Verfolgung einer bestimmten Regelung) und besonders geschützten privaten Interessen, nämlich Grundrechtspositionen, verwirklichen.[57] Die Verhältnismäßigkeit im grundrechtlichen Kontext dient also nicht nur der Sichtbarmachung des Gewichts des durch eine getroffene staatliche Maßnahme erfolgenden Eingriffs in eine grundrechtliche Position, sondern auch dessen Bewertung.[58]

---

[52] *Griller/Schmid,* Verfassungs- und Verwaltungsrecht[5] 151.

[53] *Öhlinger/Eberhard,* Verfassungsrecht[14] Rz. 716; *Berka,* Verfassungsrecht[8] Rz. 1301 ff.; *Griller/Schmid,* Verfassungs- und Verwaltungsrecht[5] 152; *Hengstschläger/Leeb,* Grundrechte[4] 2024 Rz. 1/53; *Perthold-Stoitzner/Dalpra,* Verfassungsrecht[3] 2025 359.

[54] *Öhlinger/Eberhard,* Verfassungsrecht[14] Rz. 716; *Berka,* Verfassungsrecht[8] Rz. 1304; *Griller/Schmid,* Verfassungs- und Verwaltungsrecht[5] 152; *Hengstschläger/Leeb,* Grundrechte[4] Rz. 1/53; *Perthold-Stoitzner/Dalpra,* Verfassungsrecht[3] 359.

[55] *Öhlinger/Eberhard,* Verfassungsrecht[14] Rz. 716; *Berka,* Verfassungsrecht[8] Rz. 1305 f.; *Griller/Schmid,* Verfassungs- und Verwaltungsrecht[5] 152; *Hengstschläger/Leeb,* Grundrechte[4] Rz. 1/53; *Perthold-Stoitzner/Dalpra,* Verfassungsrecht[3] 359.

[56] *Öhlinger/Eberhard,* Verfassungsrecht[14] Rz. 716; *Berka,* Verfassungsrecht[8] Rz. 1307 ff.; *Griller/Schmid,* Verfassungs- und Verwaltungsrecht[5] 152; *Hengstschläger/Leeb,* Grundrechte[4] Rz. 1/53; *Perthold-Stoitzner/Dalpra,* Verfassungsrecht[3] 359.

[57] *Öhlinger/Eberhard,* Verfassungsrecht[14] Rz. 717; *Berka,* Verfassungsrecht[8] Rz. 1307; *Hengstschläger/Leeb,* Grundrechte[4] Rz. 1/53. Die KI-VO verdeutlicht dies, indem sie z. B. in ErwGr 1 verlangt, dass bei der Entwicklung und Verwendung von KI sowohl die Grundrechte als auch Gesundheits-, Sicherheits- und Umweltbelange berücksichtigt werden. Sie zielt damit auf einen Ausgleich zwischen den Chancen von KI-Systemen und deren möglichen negativen Auswirkungen ab. Vgl. dazu *Poelzig,* Künstliche Intelligenz und Klimaschutz, NR 2025, 199.

[58] *Lachmayer* in FS Schulev-Steindl 337.

4.4.5 Zwischenergebnis: Herausforderungen des Verhältnismäßigkeitsgrundsatzes in der digitalen und ökologischen Transformation

Ein rein ökonomisches Verständnis des Verhältnisses von Mittel und Zweck bzw. von Kosten wird in der Regel im Rahmen von law and economics-Ansätzen (und nicht als für die Rechtsanwendung relevante Ausprägung des Verhältnismäßigkeitsgrundsatzes) diskutiert.[59]

Betrachtungen über die Zeit hingegen spielen (auch rechtlich über die Generationengerechtigkeit normiert) zunehmend eine Rolle, auch bzw. gerade im grundrechtlichen Kontext.[60]

Vorwiegend wird der Verhältnismäßigkeitsgrundsatz nach wie vor im grundrechtlichen Kontext fruchtbar gemacht. Klimawandel und Digitalisierung fordern die Verhältnismäßigkeit dabei jedoch heraus. An dieser Stelle soll auf ausgewählte Herausforderungen eingegangen werden, die insbesondere im Kontext von Klimaklagen[61] und der strategischen Prozessführung im Bereich des Datenschutzes[62] zutage treten:

Gerichte haben dabei staatliche Maßnahmen im Hinblick auf die Verträglichkeit mit den Grundrechten zu prüfen. Vielfach sind jedoch nicht staatliche Maßnahmen problematisch, sondern gerade von anderen Privaten getroffene Maßnahmen.[63]

Deshalb erfolgt ein Rückgriff auf grundrechtliche Schutz- oder Gewährleistungspflichten, mit denen der Staat durch aktives gesetzgeberisches oder administratives Handeln, Privaten ein Tun oder Unterlassen aufträgt.[64] Dieses staatliche Handeln ist sodann wieder am Maßstab der Grundrechte zu messen und hat verhältnismäßig zu sein. Für die Schutzpflichten selbst, spielt die Verhältnismäßigkeit jedoch nur eine untergeordnete Rolle.[65] Dies führt zu einer großen Zahl an Rechtsnormen, mit denen die Gesetzgeber versuchen, die jeweiligen Rechtsbeziehungen grundrechtskonform auszugestalten.[66] Die Rechtsdurchsetzung erfolgt insbesondere durch Private. Diese sind es auch die (teils über strategische Prozessführung) von Gerichten austesten (lassen müssen), was das richtige Verhältnis zwischen öffentlichen Interessen und privaten Interessen ist. Damit stehen Gerichte vor großen Aufgaben: Es stellen sich

---

[59] Zum law and economics-Ansatz vgl. nur *Posner,* Some Uses and Abuses of Economics in Law, The University of Chicago Law Review 1979, 281.

[60] BVerfG 24.03.2021, 1 BvR 2656/18, 1 BvR 78/20, 1 BvR 96/20, 1 BvR 288/20. Für Österreich vgl. *Fister,* JRP 2022, 460 und *Hofer,* JRP 2022, 275.

[61] Zum Beispiel EGMR (GK) 09.04.2024, 53600/20 (Verein KlimaSeniorinnen Schweiz and Others/CH); *Schulev-Steindl/Wallner/Hofer,* RdU 2025/29, 65.

[62] Zum Beispiel EuGH, 04.10.2024 Rs. C-446/21 (Schrems).

[63] *Rachut,* Grundrechtsverwirklichung 373.

[64] Für das Grundrecht auf informationelle Selbstbestimmung *Rachut,* Grundrechtsverwirklichung 251.

[65] *Jakab,* EuGRZ 2024, 209.

[66] So auch *Rachut,* Grundrechtsverwirklichung 366 ff. für den Bereich der Digitalisierung.

bspw. Fragen der demokratischen Legitimation und damit einhergehend, Fragen zur Akzeptanz von Gerichtsentscheidungen.[67]

5 Was kann der Verhältnismäßigkeitsgrundsatz für/ in Transformationsprozesse/n leisten?

Vor dem Hintergrund zahlreicher mit der Digitalisierung bzw. dem Klimawandel einhergehender Herausforderungen ist zunächst der Blick auf die grundlegende Rechtsschicht, das Verfassungsrecht, zu legen. Dabei sind grundsätzlich nicht nur die Grundrechte, sondern auch das Staatsorganisationsrecht in den Blick zu nehmen.

Allgemein stellt sich die Frage der Steuerungsfähigkeit der Rechtsordnung,[68] aber insbesondere auch des Verfassungsrechts. Dies kommt vor allem im Versuch von Individuen bzw. Organisationen grundrechtliche Gewährleistungspflichten durchzusetzen zum Ausdruck: Die – im Klimabereich über Staatszielbestimmungen[69] – festgelegten Grenzwerte und Ziele können etwa nur unter Miteinbeziehung von Privaten gelingen. Dies gilt auch für andere Grundrechte, etwa den Datenschutz, für den in Österreich über die unmittelbare Drittwirkung eine Bindung auch durch Private erreicht wird.[70] Dabei zeigt sich, dass das bloße Festlegen von gemeinsamen Grundwerten im Sinne von Leitplanken für die Transformation im Bereich der Nachhaltigkeit bzw. des Klimawandels nicht ausreicht, sondern, dass entsprechende Verpflichtungen Privater bzw. institutionelle Mechanismen[71] geschaffen werden müssen. Idealerweise sind auch diese – wie die Verfassungsgerichtsbarkeit selbst – verfassungsrechtlich grundgelegt und abgesichert. Den Verlust der Steuerungsfähigkeit kann die Verhältnismäßigkeit nicht auffangen, wenngleich der Verlust der Steuerungsfähigkeit des Rechts bzw. eine mangelnde Regulierung zu Machtungleichgewichten führen mag.[72]

Die Verhältnismäßigkeit kann insbesondere in Konstellationen mit Grundrechtsbezug zum Tragen kommen, wenngleich Transformationsprozesse und Verhältnismäßigkeit auf unterschiedliche Art und Weise verbunden sind:

In einer transformierten Gesellschaft wirkt der Verhältnismäßigkeitsgrundsatz im Rahmen von Grundrechtsprüfungen nach wie vor interessenausgleichend. Anders als früher machen Individuen nunmehr jedoch im Rahmen von grundrechtlichen Beschwerden zunehmend die Verwirklichung des Schutzgutes geltend, sodass der Interessenausgleich verschoben scheint: Individuen fordern die Realisierung grundrechtlicher Schutzpflichten (und damit an sich öffentliche Interessen) vom Staat ein.

[67] Darauf wird insbesondere in Zusammenhang mit Klimaklagen immer wieder hingewiesen, vgl. etwa *Rodi/Kalis,* KlimR 2022, 8 f.

[68] Zum Verlust der Steuerungsfähigkeit vgl. *Rachut,* Grundrechtsverwirklichung 373 ff.

[69] Für Deutschland vgl. *Calliess* in Düring/Herzog/Scholz, Grundgesetz Art. 20a Rz. 40.

[70] *Öhlinger/Eberhard,* Verfassungsrecht[14] Rz. 833.

[71] Im Klimabereich verlangten die Unterstützer:innen des Klimavolksbegehren etwa einen „Klimarechnungshof", vgl. 348 BlgNr. XXVII. GP. 2.

[72] *Rachut,* Grundrechtsverwirklichung 373.

(Verfassungs-)Gerichte haben zu beurteilen, ob vonseiten des Staates ausreichende Maßnahmen zur Realisierung des Schutzgutes unternommen wurde.[73]

Für die Transformation der Gemeinschaft stellt sich die Frage nach dem Schutz bestimmter, von gemeinsamen Werten getragenen, Lebensformen. Hier stellt sich etwa die Frage nach einem Recht auf ein analoges Leben,[74] das allenfalls aus anderen grundrechtlichen Verbürgungen (z. B. dem Gleichheitsgrundsatz) abgeleitet werden kann.[75]

Schließlich könnte die Verhältnismäßigkeit über den grundrechtlichen Kontext hinaus als allgemeines Gebot des Maßhaltens verstanden werden,[76] das sowohl Regulierungsvorhaben im Kontext der Digitalisierung als auch im Kontext des Klimawandels erfassen würde.

6 Fazit

Die digitalen wie ökologischen Transformationsprozesse fordern – aus rechtlicher Sicht – insbesondere das Zusammenwirken von Rechtsnormen in der Gesellschaft (und den von Normen nicht berührten „staatsfreien" Raum) heraus, betreffen aber auch das Leben als Gemeinschaft. Dabei kann zunächst der (bestehende) rechtliche Rahmen neu gedacht werden, indem er auf das Transformationspotential untersucht wird. Dafür sind aber auch die institutionellen Rahmenbedingungen (die in der Regel verfassungsrechtlich festgelegt sind) in den Blick zu nehmen, insbesondere was die Realisierungsmöglichkeiten dieses transformativen Potenzials anlangt. Gegebenenfalls sind neue Institutionen und/oder Verfahren im Recht anzudenken. Dies insbesondere vor dem Hintergrund, dass sich die Privaten vielfach nicht gegen ein Übermaß an staatlicher Intervention, sondern vielmehr gegen ein Übermaß an privater Intervention zur Wehr setzen wollen und deshalb grundrechtliche Gewährleistungen von staatlicher Seite einfordern.

[73] EGMR (GK) 09.04.2024, 53600/20 (Verein KlimaSeniorinnen Schweiz and Others/CH), Rz. 544 ff.

[74] So normiert Art. 21A Verfassung der Republik und des Kantons Genf in Abs 2 explizit ein „Recht auf ein Offline-Leben"; zu den Entwicklungen in der Schweiz vgl. auch *Fichter* 10.11.2025, Der Traum von der digitalen Unversehrtheit <https://www.republik.ch/2025/11/10/der-traum-von-der-digitalen-unversehrtheit>.

[75] Vgl dazu nur Deutscher Bundestag Wissenschaftliche Dienste, Dokumentation: Zum sogenannten Digitalzwang und einem Recht auf analogen Zugang zu Verwaltungsleistungen <https://www.bundestag.de/resource/blob/1013816/635665e934302a15c3a48a97b2b1bafa/WD-3-060-24-pdf.pdf>; *Lorenz,* MMR 2022, 935; *Botta,* NVwZ 2022, 1247.

[76] Für das Verwaltungsrecht vgl *Kahl/Schmid,* Allgemeines Verwaltungsrecht[8] Rz. 326.

Der Verhältnismäßigkeitsgrundsatz gelangt insbesondere in diesen Konstellationen zum Tragen und erfüllt nach wie vor eine ausgleichende Funktion, allerdings in einer veränderten Form: Es geht nicht mehr darum, ob der Staat übermäßig in die Grundrechtssphäre eingreift (und der Eingriff daher unverhältnismäßig ist), sondern darum, ob der Staat genügend tut, um seinen grundrechtlichen Gewährleistungspflichten gerecht zu werden.

Der Befund zeigt, dass das Potenzial des Verhältnismäßigkeitsgrundsatzes in seiner verfahrensrechtlichen wie kontextabhängigen Dimension für Transformationsprozesse noch nicht ausgereizt scheint. So ist – vor dem Hintergrund von Klimawandel und Digitalisierung – die Frage zu stellen, ob sich aus dem Verhältnismäßigkeitsgrundsatzes eine Pflicht ableiten lässt, dass (Handlungs-)Optionen in der Zukunft offenbleiben müssen. Damit ist die zeitliche Dimension des Verhältnismäßigkeitsgrundsatzes angesprochen, die zeigt, dass der Verhältnismäßigkeitsgrundsatz nach wie vor weitere Forschungsfelder eröffnet.

Literatur

Barak, Proportionality. Constitutional Rights and their Limitations (2013).

Bärnthaler/Novy, Transformation, in Peer/Semlitsch/Güntner/Haas/Bernögger (Hrsg.), Urbane Transformation durch soziale Innovation (2024) 227.

Berka, Verfassungsrecht[8] (2021).

Bertel, Künftige Generationen im Verfassungsvergleich, in Ennöckl/Hofer/Madner (Hrsg.), FS Schulev-Steindl (2024) 19.

Botta, „Digital First“ und „Digital Only“ in der öffentlichen Verwaltung, NVwZ 2022, 1247.

Binder/Ritter, Klimaschutz und Völkerrecht, in Ennöckl (Hrsg.), Klimaschutzrecht (2023) 1.

Bydlinski, Allgemeiner Teil des Bürgerlichen Rechts[10] (2024).

Calliess, GG Art. 20a, in Düring/Herzog/Scholz (Hrsg.), Grundgesetz (108. Lfg 2025, beck-online.de).

Chang/Dai, The limited usefulness of the proportionality principle, ICON 2021, 1110.

Dopplinger/Mörth, Variationen der Verhältnismäßigkeit: ein Konzept gestufter Kontrollintensität in der grundrechtlichen Gesetzesprüfung, JBl 2023, 341

Eichenhofer, Digitale Rechtsverhältnisse, RphZ 2023, 333.

Eifert, Die zeitliche Dimension des Freiheitsschutzes in der gebotenen Transformation zur Klimaneutralität, ZÖR 2022, 537.

Ennöckl, Der Schutz der Privatsphäre in der elektronischen Datenverarbeitung (2014).

Feichtner, Essay: The Law Clinic Transformation Law – A modest attempt to democratize law and legal education for social-ecological change (2022) <https://www.jura.uni-wuerzburg.de/fileadmin/02140031/2023/Essay_The_Law_Clinic_Transformation_Law_by_Isabel_Feichtner.pdf>.

Fichter 10.11.2025, Der Traum von der digitalen Unversehrtheit <https://www.republik.ch/2025/11/10/der-traum-von-der-digitalen-unversehrtheit>.

Fister, Intertemporale und intergenerationelle Grundrechtswirkungen – Am Beispiel des Klimaschutzrechts, JRP 2022, 460.

Griller/Schmid, Grundlagen und Methoden des Verfassungs- und Verwaltungsrechts[5] (2023).

Haack, Verfassungswandel durch Migration, JZ 2017, 213.

Handstanger, Tagung Transformationsrecht, juridikum 2024, 528.

Hengstschläger/Leeb, Grundrechte[4] (2024).

Hofer, Intertemporale Dimensionen des Klimaschutzes – Grundrechtsgeltung zwischen „Freiheitssicherung“ und Vertrauensschutz, JRP 2022, 275.
Hollaus, Das Urteil des EGMR im Fall KlimaSeniorinnen und seine Implikationen für den europäischen Grundrechtsschutz, JBl 2024, 485.
Holoubek, Verhältnismäßigkeit und Sachlichkeit: Überlegungen zu ihrer Bedeutung in der Struktur der Gleichheitsprüfung, ZÖR 2019, 867.
Lachmayer, Verhältnismäßigkeit als Determinante des Verwaltungshandelns, in Ennöckl/Hofer/Madner (Hrsg.), FS Schulev-Steindl (2024) 333.
Lorenz, Das Recht auf ein analoges Leben, MMR 2022, 935
Jackson, Constitutional Law in an Age of Proportionality, Yale Law Journal 2015, 3094.
Jakab, Sechs Alternativen zur Verhältnismäßigkeitsprüfung in der Grundrechtsdogmatik, EuGRZ 2024, 204.
Jakl, Einleitende Bemerkungen, in Jakl/Brunhöber/Grieser/Ottmann/Wihl (Hrsg.), Recht und Frieden – Wozu Recht? (2014) 11.
Kael, How to study worlds: or why one should (not) care about methodology, in Bartl/Lawrence (Hrsg.), The Politics of European Legal Research – Behind the Method (2022) 208.
Kahl/Schmid, Allgemeines Verwaltungsrecht[8] (2023).
Kirchner/Ehmke, Recht und Staat, in Kollmorgen/Merkel/Wagener (Hrsg.), Handbuch Transformationsforschung (2015) 455.
Kjaer, Was ist transformatives Recht?, juridikum 2024, 537.
Klatt, Proportionality and Justification, in Herlin-Karnell/Klatt (Hrsg.), Constitutionalism Justified (2020) 159.
Klatt/Meister, The Constitutional Structure of Proportionality (2012).
Kroneder-Partisch, Art 126b B-VG, in Korinek/Holoubek (Hrsg.), Österreichisches Bundesverfassungsrecht (4. Lfg. 2021).
Lachmayer/Müller, Sozio-ökologisches Transformationsrecht, juridikum 2023, 316.
Möller, The global model of constitutional rights (2012).
Möller, Proportionality: Challenging the critics, ICON 2012, 709.
Müller, Verhältnismässigkeit, in Uhlmann (Hrsg.), Verhältnismässigkeit als Grundsatz in der Rechtsetzung und Rechtsanwendung (2019) 8.
Öhlinger/Eberhard, Verfassungsrecht[14] (2025).
Perthold-Stoitzner/Dalpra, Verfassungsrecht[3] (2025).
Petersen, Proportionality and Judicial Activism (2017).
Peuker, Verfassungswandel durch Digitalisierung (2020).
Pieroth, Rückwirkung und Übergangsrecht (1981).
Plankensteiner, Transformationsrecht, juridikum 2024, 448.
Poelzig, Künstliche Intelligenz und Klimaschutz, NR 2025, 198.
Posner, Some Uses and Abuses of Economics in Law, The University of Chicago Law Review 1979, 281.
Rachut, Grundrechtsverwirklichung in digitalen Kontexten (2025).
Raschauer, Allgemeines Verwaltungsrecht[5] (2017).
Rodi/Kalis, Klimaklagen als Instrument des Klimaschutzes, KlimR 2022, 5.
Rivers, The Presumption of Proportionality, MLR 2014, 409.
Saurer, Die Globalisierung des Verhältnismäßigkeitsgrundsatzes, Der Staat 2012, 3.
Schäfers, Gesellschaft, in Kopp (Hrsg.), Grundbegriffe der Soziologie[13] (2024) 159.
Schäfers/Lehmann, Gemeinschaft, in Kopp (Hrsg.), Grundbegriffe der Soziologie[13] (2024) 143.
Scherr, Gesellschaft und Gemeinschaft, in Scherr (Hrsg.), Soziologische Basics[3] (2016) 89.
Schlink, Proportionality In Constitutional Law: Why Everywhere But Here?, Duke Journal of Comparative & International Law 2012, 291.
Schulev-Steindl/Wallner/Hofer, Klimaklagen gegen Staaten und Unternehmen: Ein Überblick, RdU 2025/29, 65.
Süssenguth, In Gesellschaft der Daten, in Süssenguth (Hrsg.), Die Gesellschaft der Daten (2015) 1.
Tönnies, Gemeinschaft und Gesellschaft[4,5] (1922).

Uhlmann/Bukovac, Das Verhältnismässigkeitsprinzip aus dem Blickwinkel der Rechtsetzungslehre, in Uhlmann (Hrsg.), Verhältnismässigkeit als Grundsatz in der Rechtsetzung und Rechtsanwendung (2019) 33.
Vašek, Recht und Frieden im Denken Hans Kelsens, in Jakl/Brunhöber/Grieser/Ottmann/Wihl (Hrsg.), Recht und Frieden – Wozu Recht? (2014) 21.
Volkmann, Verfassungsänderung und Verfassungswandel, JZ 2018, 265.
Wienold/Stäheli, Digitalisierung, in Benkel/Bührmann/Klimke/Lautmann/Stäheli/Weischer/Wienold (Hrsg.), Lexikon zur Soziologie[7] (2024) 247.
Xiao, State-centric proportionality analysis in Chinese administrative litigation, ICON 2023, 461.

Gleichheitsrechtliche Aspekte von Klimawandel und Digitalisierung

Claudia Wutscher

Inhaltsverzeichnis

Zusammenfassung Klimawandel und Digitalisierung als wichtige Triebkräfte für (laufende) systemische Veränderungen in unserer Gesellschaft bringen erhebliche rechtliche Herausforderungen mit sich, unter anderem im Hinblick auf Gleichheits- und Nichtdiskriminierungsrechte. Aus der Perspektive der EU-Grundrechtecharta sowie der EMRK widmet sich dieses Kapitel insbesondere drei Aspekten: Erstens wird erörtert, wie sowohl die grüne als auch die digitale Transformation ihrem Wesen nach die Gleichheits- und Nichtdiskriminierungsrechte der Unionsbürger gefährden und ob bzw. inwieweit diese Risiken zu positiven Verpflichtungen für den/die (europäischen) Gesetzgeber führen. Zweitens und in direktem Zusammenhang damit steht die Frage, ob Gleichheits- und Nichtdiskriminierungsrechte eine intertemporale oder intergenerationelle Dimension haben, aus der positive Verpflichtungen im Hier und Jetzt abgeleitet werden können. Drittens wird die Frage aufgeworfen, inwieweit für die „Twin Transition" bedeutsame, nicht-menschliche Entitäten (wie Flüsse, Bäume, Tiere oder künstliche Intelligenzen) in den persönlichen Schutzbereich von Gleichheits- und Nichtdiskriminierungsrechten einbezogen werden könnten.

Schlüsselwörter Grüne und digitale Transformation (Twin Transition) · Gleichheits- und Nichtdiskriminierungsrechte · Intertemporale und intergenerationelle Dimension · Positive Verpflichtungen · Persönlicher Schutzbereich

---

C. Wutscher (✉)
Institut für Österreichisches und Europäisches Öffentliches Recht, Legal Tech Center, Wirtschaftsuniversität Wien, Wien, Österreich
e-mail: claudia.wutscher@wu.ac.at

S. Martinetz und C. Wutscher (Hrsg.), *Digitale Nachhaltigkeit – Nachhaltige Digitalisierung*, https://doi.org/10.1007/978-3-662-73381-3_2

1 Problemaufriss

Nicht nur als Gerechtigkeitsideal,[1] auch als (verfassungs-)rechtliche Verbürgung[2] kommt der Gleichheit eine hervorgehobene Stellung zu.[3] Überlegungen zur Gleichheit vor dem Gesetz und dem rechtlichen Schutz vor Diskriminierung füllen denn auch (buchstäblich)[4] ganze Bibliotheken. Ein Beitrag dazu kann daher, um mit *Michael Holoubek* zu sprechen, „notwendiger- wie sinnvollerweise [nur] bestimmte Aspekte […] zur Diskussion [stellen]",[5] in meinem Fall sind das Aspekte, die mit Klimawandel und Digitalisierung als den zentralen Herausforderungen unserer Zeit zusammenhängen. Dagegen kann ein solcher Beitrag weder hoffen noch anstreben, sämtliche gleichheitsrechtlichen Aspekte von Klimawandel und Digitalisierung, und schon gar nicht abschließend, zu behandeln. Denn sowohl der Klimawandel als auch die Digitalisierung sind einerseits globale Phänomene und betreffen andererseits „beinahe alle Arbeits- und Lebensbereiche unserer Gesellschaft".[6] Eine weitere, meinem (akademischen wie geographischen) Standpunkt geschuldete Eingrenzung des Untersuchungsgegenstandes betrifft die Methode sowie den herangezogenen rechtlichen Maßstab. Die Perspektive ist demnach zum einen eine (grund-) rechtsdogmatische und zum anderen eine europäische; der Fokus liegt dabei auf Gleichheits- und Nichtdiskriminierungsrechten der GRC sowie der EMRK.[7]

Wenn ich im Folgenden drei Problemfelder exemplarisch herausgreife, ist diese Auswahl daher eine insoweit, und hier begegnet uns schon die gleichheitsrechtliche Terminologie, willkürliche.[8] Dies vorausgesetzt, soll im ersten Teil meines Beitrags skizziert werden, inwiefern sowohl die grüne als auch die digitale Transformation ihrem Wesen nach Gleichheit gefährden und Diskriminierungen bewirken kann, und ob und inwiefern diese Risiken positive Verpflichtungen für den bzw. die europäischen

---

[1] Vgl nur die zwei Prinzipien der Gerechtigkeit nach *Rawls,* A Theory of Justice 60 ff.

[2] Die Gleichheit vor dem Gesetz ist in allen europäischen Verfassungen anerkannt und stellt nach der Rechtsprechung des EuGH auch ein unionsrechtliches Grundprinzip dar; vgl die ErläutGRC (ABl 2007 C 303/17) zu Art 20 mwN. Vgl bereits die Präambel der United States Declaration of Independence 1776; oder Art 1 Déclaration des Droits de l'Homme et du Citoyen de 1789.

[3] Vgl *Huster,* EuR 2010, 325 f., der das „grundlegende Gleichheitsgebot als Fundament moderner politischer Ordnungen" ansieht, als dessen Konkretisierungen Freiheits- und Gleichheitsrechte anzusehen sind; zur überragenden Rolle von Gleichheitsrechten im Unionsrecht *ebenda,* 330.

[4] Vgl z. B. die online verfügbare „Anti-discrimination Library" des OHCHR (Büro des Hohen Kommissars der Vereinten Nationen für Menschenrechte) sowie die „Virtual Library on Equality" des „Equal Rights Trusts".

[5] *Holoubek,* ZÖR 2019, 868.

[6] Zur Digitalisierung *Mayrhofer/Parycek,* Digitalisierung des Rechts – Herausforderungen und Voraussetzungen, 21. ÖJT Band IV/1, 1.

[7] Bewusst weitgehend ausgeklammert bleibt die Ebene des nationalen Verfassungsrechts, zumal der Untersuchungsgegenstand ohnehin sehr weit ist und eine Überprüfung der Unionsrechtssetzung am Maßstab nationaler Gleichheitsrechte ausscheidet (*Öhlinger/Eberhard/Potacs,* EU-Recht und staatliches Recht[8] 95). Ebenfalls nicht behandelt wird das auf einfachgesetzlicher bzw sekundärrechtlicher Ebene bestehende, teilweise sehr umfassende Antidiskriminierungsrecht.

[8] Zur „Willkür" in der Rsp österreichischer Höchstgerichte *Wagrandl,* JBl 9 (2021) 569 und *Wagrandl,* JBl 10 (2021) 637.

Gesetzgeber mit sich bringen. Zweitens, und in direktem Zusammenhang damit, stellt sich die Frage, ob (auch)[9] die Gleichheits- und Nichtdiskriminierungsrechte der GRC sowie der EMRK eine intertemporale oder intergenerationale Dimension haben, aus der sich Schutzpflichten im Hier und Jetzt ableiten lassen. Drittens und abschließend soll die Frage aufgeworfen werden, inwiefern für den grünen und digitalen Wandel bedeutsame, nichtmenschliche Entitäten (man denke an Flüsse, die Natur oder Künstliche Intelligenzen) in den persönlichen Schutzbereich der Gleichstellungs- und Nichtdiskriminierungsrechte einbezogen werden und welche Folgen eine solche Inklusion haben könnte.

2 Diskriminierungen durch doppelte Transformation

Der Versuch einer Verortung des „Diskriminierungspotentials" der grünen und digitalen Transformation sieht sich zunächst trotz der soeben vorgenommenen Einschränkungen des Untersuchungsgegenstandes[10] einer Vielzahl an Phänomenen, die mit den Begriffen „Klimawandel" und „Digitalisierung" angesprochen sind, sowie einer Vielzahl an potenziell einschlägigen Rechtsgrundlagen gegenüber. Während sich zumindest die unmittelbar[11] einschlägigen Rechtsgrundlagen in GRC und EMRK noch relativ leicht identifizieren lassen – insbesondere geht es um die als Titel III der GRC unter der Überschrift „Gleichheit" genannten allgemeinen und besonderen Gleichheits-[12] und Nichtdiskriminierungsrechte der Art 20 bis 26,[13] sowie um Art 14 EMRK und Art 1 12. ZPMRK – sind die denkbaren Fallkonstellationen, in denen diese Rechte in Zusammenhang mit dem Klimawandel oder der Digitalisierung betroffen sein können, schier unüberblickbar. Man denke beispielsweise an Diskriminierung durch KI-gestütztes HR-Screening, an diskriminierende Bonitätsbewertungssysteme oder an eine ungleichmäßige Durchsetzung der Inhaltsmoderation durch Online-Plattformen. Dazu kommt das Problem, dass vor allem allgemeine

---

[9] Zur intertemporalen Dimension von Freiheitsrechten z. B. *Britz,* in Kirchhof/Wolff 199.

[10] Siehe oben 1.

[11] Bereits die potenziell einschlägigen Rechtsgrundlagen werden freilich schwerer abgrenzbar, wenn man berücksichtigt, dass qua Verhältnismäßigkeitsgrundsatz auch die Freiheitsrechte in den Untersuchungsgegenstand mittelbar einzubeziehen sind; siehe dazu noch weiter unten im Text. Zum Verhältnis zwischen Gleichheit und Verhältnismäßigkeit in der österreichischen Verfassungsordnung siehe *Pöschl,* JBl 1997, 413.

[12] Bei den in Art 22, 24, 25 und 26 GRC genannten Rechten handelt es sich freilich weniger um (formale) Gleichheits- als um soziale Rechte sowie um Grundsätze iS des Art 53 Abs 4 GRC, vgl *Köchle/Pavlidis* in Holoubek/Lienbacher, GRC Kommentar[2] Art 20 Rz 12.

[13] Vgl aber auch die im AEUV normierten Diskriminierungsverbote. Darunter fallen etwa Art 18, Art 40 Abs 2 und Art 157 AEUV, aber auch die Diskriminierungsverbote der Grundfreiheiten (Art 29, Art 34, Art 35 Abs 1, Art 45 Abs 2, Art 49, Art 57 Abs 3, Art 65 Abs 3 AEUV) oder im Wettbewerbsrecht (Art 107 Abs 2 lit a und Art 110 AEUV). Art 20 GRC tritt nach hA gegenüber den Art 21 ff. GRC als leges speciales zurück; siehe *Köchle/Pavlidis* in Holoubek/Lienbacher, GRC Kommentar[2] Art 20 Rz 10 mwN.

Gleichheitsrechte, um *Magdalena Pöschl* zu zitieren, die das mit Blick auf die österreichische Verfassungsrechtslage sehr treffend formuliert hat, „voller Widersprüche" zu sein scheinen und dass sie „alles zugleich und nichts definitiv" garantieren.[14] Wenn man außerdem berücksichtigt, dass auch die bei Eingriffen in andere Grundrechtsverbürgungen geforderte Verhältnismäßigkeitsprüfung als „equal balancing exercise" notwendig Gleichheitserwägungen impliziert,[15] könnte man angesichts der Breite des Gegenstandes schon verzweifeln.

Durch einen Fokus auf „Digital Inequalities" bzw. „Climate Inequalities" werden die mit der Twin Transition einhergehenden strukturellen Diskriminierungen sichtbar gemacht. Was zunächst die sogenannten „Digital Inequalities"[16] betrifft, zeigen Studien beispielsweise, dass Frauen, ältere Menschen und Menschen mit Behinderungen schlechtere Bedingungen für den Zugang zu und die Nutzung von digitalen Technologien vorfinden, ebenso wie Menschen mit geringerem Einkommen, ethnische Minderheiten und Menschen, die in abgelegenen/isolierten geografischen Gebieten leben.[17] Diese Hürden haben auch zusätzliche diskriminierende Auswirkungen, indem sie andere (soziale und wirtschaftliche) Ungleichheiten reproduzieren und verschärfen, da die Art und Weise, wie eine Person digital eingebunden ist, beispielsweise Auswirkungen auf ihre akademische Ausbildung, ihre berufliche Entwicklung und die ihr zur Verfügung stehenden Gesundheitsdienste hat,[18] aber auch ganz allgemein auf die Möglichkeit, an einer zunehmend digitalisierten Gesellschaft teilzuhaben, in der viele Prozesse des öffentlichen Lebens in den digitalen Bereich verlagert wurden.[19] Digitale Ungleichheiten spiegeln somit potenziell „Offline"-Ungleichheiten wider und reproduzieren diese.,[20,21]

Ähnliche strukturelle Probleme bringt auch die grüne Transformation mit sich, ist es doch wissenschaftlicher Konsens, dass ältere und behinderte Menschen, zumal Frauen, vom Klimawandel besonders stark betroffen sind, beispielsweise durch die

---

[14] *Pöschl,* Gleichheit vor dem Gesetz 1. Vgl auch*Huster,* EuR 2010, 237, der von der „extremen inhaltlichen Unbestimmtheit" des allgemeinen Gleichheitssatzes spricht.

[15] Vgl *Pöschl,* JBl 1997, 433. Zur Verhältnismäßigkeit siehe den Beitrag von *Bertel* in diesem Band.

[16] *Lagoudi,* IJSR (2021) 1241 f.; *Robinson/Cotton/Ono et al.,* Communication & Society (2015) 570 f.

[17] Vgl *Mulyaningsih/Wahyunengseh/Hastjarjo,* JSP (2020) 200 f.; *Cooper,* Journal of Computer Assisted Learning (2006) 320 ff.; *Mazzoni et al.* 19.04.2024, Study on the Implications of the Digital Transformation on Different Social Groups <https://digitalsociety.eui.eu/publication/the-implications-of-the-digital-transformation-on-different-social-groups/>.

[18] Vgl z. B. *Robinson/Cotton/Ono et al.,* Information, Communication & Society 18/5 (2015) 570.

[19] Vgl *Çelik* in Karacagil 78; *Wutscher* 2026.

[20] *Helsper,* The digital disconnect 193.

[21] An diesen strukturellen Ungleichheiten ändert auch das umgekehrt gleichheitsfördernde Potenzial der Digitalisierung nichts, man denke z. B. an das Potenzial zur Förderung eines effektiven Zugangs zum Recht durch digitale Technologien; dazu z. B. *Essig,* ÖZW 2023, 85.

Zunahme hitzebedingter Sterblichkeit.[22] IdZ sei auch auf die diesbezügliche Argumentation der KlimaSeniorinnen vor dem EGMR verwiesen.[23] Aufgrund tendenziell schlechterer ökonomischer Bedingungen[24] sind jene Gruppen aber umgekehrt etwa durch aufgrund des Klimawandels steigende Lebensmittel-, Heiz- oder Mobilitätskosten[25] stärker belastet, gleichzeitig ist es für sie weniger leicht möglich, angesichts solcher Belastungen ihren Lebensmittelpunkt zu verlegen.[26] Man spricht in Zusammenhang mit solchen überproportionalen Effekten von Klimarisiken auf bestimmte Bevölkerungsgruppen auch von „Climate Inequalities“.[27] Wir sehen also: Die doppelte Transformation geht mit unterschiedlichen, strukturellen Diskriminierungen einher.

Es stellt sich folglich die Frage, ob und inwieweit die Gleichheits- und Nichtdiskriminierungsrechte der GRC sowie der EMRK überhaupt geeignet sind, solche strukturellen Ungleichheiten zu adressieren. Zunächst ist festzuhalten, dass Gleichheitsrechte als Individualrechte gegenüber der öffentlichen Hand konzipiert sind und demnach im Rahmen ihres Anwendungsbereichs[28] neben der Exekutive[29] und der Judikative auf unions- und mitgliedstaatlicher Ebene, auch die Legislative binden.[30] Das ist insofern bedeutsam, als dem Recht in der „Twin Transition“[31] die Aufgabe der Steuerung dieser Transformationsprozesse zukommt.[32] Wo die Gesetzgebung daher

---

[22] *Climate Change Centre Austria,* Unterschiede in der Hitze-Übersterblichkeit: Übersicht und Analysen für Österreich (2025); *Masselot/Mistry/Rao* et al., Nature Medicine 31 (2025) 1295; *Intergovernmental Panel on Climate Change,* Climate Change 2022: Impacts, Adaptation and Vulnerability (2022) 12.

[23] EGMR 09.04.2024, 53600/20 (Verein KlimaSeniorinnen Schweiz u. a./Schweiz). Siehe dazu z. B. *Hollaus,* JBl 2024, 485.

[24] *Zaidi,* Poverty and Income of Older People in OECD Countries (2009) 533 f.

[25] *Statistik Austria,* Dimensionen der Energiearmut in Österreich – Hohe Energiekosten bzw. Nicht-Leistbarkeit von Energie für Wohnen (2022) 14,17; *WIFO,* COSTS – Leistbarkeit von Mobilität in Österreich (2016) 21;*Chafehé/Ricci/Stöhlker,* The Impact oft he Cost-of-Living Crisis on European Households (2024) 4.

[26] Allgemein zur geringeren Wahrscheinlichkeit von Frauen, nach Naturkatastrophen zu migrieren, *Chanel/Bothe/Voituriez,* World Inequality Lab Study 2023/1, 82; *Chindarkar,* Gender and climate change-induced migration: proposing a framework for analysis, Environmental Research Letters 7 (2012) 2.

[27] *Zahnow/Yousefina/Hassankhani* et al., Climate change inequalities: A systematic review of disparities in access to mitigation and adaptation measures, Environmental Science & Policy (2025); *Chancel/Bothe/Voituriez,* Climate Inequality Report 2023, 46.

[28] Siehe Art 51 GRC bzw Art 1 EMRK und dazu *Köchle* in Holoubek/Lienbacher, GRC Kommentar[2] Art 21 Rz 89, 90 und *Köchle/Pavlidis* in Holoubek/Lienbacher, GRC Kommentar[2] Art 20 Rz 1; *Barber,* Political Science Quaterly (1998) 580 ff.

[29] Das betrifft nicht nur die hoheitliche, sondern auch die privatwirtschaftliche Tätigkeit der Verwaltung. Besonders hingewiesen sei auf die Bedeutung der öffentlichen Auftragsvergabe für die Förderung der Einhaltung grund- und menschenrechtlicher Standards durch Auftragnehmer.

[30] Z. B. *Rossi* in Calliess/Ruffert, EUV/AEUV[6] Art 20 GRC Rz 7 ff.

[31] Zu diesem Begriff siehe *Müller/Stöber/Lang,* Journal of Innovation Economics & Management (2024) 2.

[32] Zur digitalen Transformation *Mayrhofer/Parycek,* Digitalisierung des Rechts – Herausforderungen und Voraussetzungen, 21. ÖJT Band IV/1, 2.

Klimaschutz- oder Klimawandelanpassungsmaßnahmen trifft, müssen ihre Regelungen ebenso wie im Bereich der Regulierung des Digitalen gleichheitskonform ausgestaltet sein und dürfen insbesondere nicht anhand verpönter persönlicher Merkmale wie Geschlecht, Rasse, Hautfarbe, Herkunft, Sprache, Religion, politische oder sonstige Anschauung, Zugehörigkeit zu einer nationalen Minderheit, Vermögen, Geburt, Behinderung, Alter oder sexuelle Ausrichtung differenzieren.[33] Dagegen stellen gerade Klimaschutz und Digitalisierung auch öffentliche Interessen dar,[34] die eine unterschiedliche rechtliche Behandlung rechtfertigen können[35] und auch bei Beschränkungen von Freiheitsrechten,[36] in die Verhältnismäßigkeitsprüfung einzustellen und (uU auch gegeneinander) abzuwägen sind. Es spricht einiges dafür, dass Normsetzer auch strukturelle Ungleichheiten im Blick behalten sollten, die durch Maßnahmen zur Regulierung der digitalen und grünen Transformation geschaffen, verstärkt oder verschärft werden könnten. Abgesehen davon, dass bestimmte Kriterien als Diskriminierungsgrund ausgeschlossen werden, scheinen Gleichheits- und Nichtdiskriminierungsrechte jedoch keine spezifischen Maßnahmen zu gebieten, sondern lassen einen nahezu unbegrenzten Gestaltungsspielraum.

Angesichts des globalen Charakters des Klimawandels sowie der Digitalisierung sind freilich nicht allein die am Maßstab der GRC überprüfbare Unionsrechtssetzung und die zu ihrer Durchführung getroffenen mitgliedstaatlichen Maßnahmen[37] für die beschriebenen strukturellen Nachteile bestimmter Bevölkerungsgruppen verantwortlich. Und umgekehrt werden jene Nachteile nicht notwendigerweise dort spürbar, wo die Maßnahmen gesetzt werden (hätten sollen).[38] Viel mehr noch: Die „Treiber" von Klimawandel und Digitalisierung, die damit auch für das Entstehen der strukturellen Ungleichheiten (mit)verantwortlich zeichnen, sind vor allem privatrechtlich

[33] Art 21 GRC; Art 14 EMRK. Vgl auch Art 26 IPBPR.

[34] Vgl z. B. die Diskussion um die Notwendigkeit der Schaffung neuer Grundrechte z. B. CoE Protocol on right to a healthy environment oder das Grundrecht auf Internetzugang. Dazu *Knox/Ramin* (Hg), The Human Right to a Healthy Environment (2018); *Jasmontaite/de Hert,* Access to the Internet in the EU: A Policy Priority, a Fundamental, a Human Right or a Concern for eGovernment, Brussels Privacy Hub Working Paper 6/19 (2020).

[35] Nicht jeder Härtefall macht eine Regelung gleichheitswidrig. Wenn Freiheitsrechte beschränkt werden, kann es Gleichheitsrechtlich geboten sein, Ausgleich zu schaffen (Stichwort: Umwidmungen, Sonderopfertheorie). Vgl *Öhlinger/Eberhard,* Verfassungsrecht[14] Rz 880; sowie aus der Judikatur z. B. VfSlg 6884/1972; 7234/1973; 13.006/1992; 16.636/2002; 19.341/2011.

[36] Siehe dazu näher im Beitrag von *Bertel* in diesem Band.

[37] Vgl Art 51 Abs 1 GRC.

[38] Industriestaaten verursachen etwa deutlich mehr Emissionen, deren klimatische Folgen aber oft zunächst primär in Entwicklungsländern spürbar werden; siehe dazu: Smallest footprints, largest impacts: Least developed countries need a just sustainable transition, 11.09.2025 < https://unctad.org/topic/least-developed-countries/chart-october-2021>. Auch iZm der digitalen Transformation treten ähnliche Phänomene auf: so stellt etwa das Verlegen von Hochseekabeln für den grenzüberschreitenden Stromaustausch eine Umweltbelastung für die internationalen Gewässer dar, die weit über die Landesgrenzen der nutznießenden Staaten hinausgeht. Siehe dazu: Seekabel, 11.09.2025 < https://www.bfn.de/seekabel>. Der EGMR hat sich bislang jedoch nur mit lokalen Umweltbeeinträchtigungen befasst; so *Hollaus,* Staatliche Schutzpflichten in der Klimakrise, ÖJA 2023, 387.

organisierte Unternehmen.[39] Anders als beim allgemeinen Gleichheitssatz der österreichischen Verfassungsordnung[40] und ähnlich wie nach Art 3 GG sind nach Art 20 GRC zwar neben Unionsbürgern auch Drittstaatsangehörige grundrechtsberechtigt.[41] Eine direkte Geltendmachung von Gleichheitsgrundrechten etwa gegenüber CO_2-emittierenden oder Tech-Unternehmen scheidet aber, selbst wenn sie in der Union über eine Niederlassung verfügen, mangels unmittelbarer Drittwirkung außerhalb von Konstellationen typischer sozialer Machtgefälle (etwa: gegenüber Kollektivvertragsparteien)[42] aus.[43] Ähnliches gilt für das allgemeine Diskriminierungsverbot des Art 1 12. ZPMRK, das im Übrigen überhaupt erst von 20 Vertragsstaaten ratifiziert[44] wurde, Deutschland und Österreich gehören nicht dazu.

Zwar ist das Antidiskriminierungsrecht auf Sekundärrechtsebene sehr viel stärker horizontal ausgestaltet und daher auch gegen individuelle Diskriminierungen durch Private (z. B. Arbeitgeber) durchsetzbar.[45,46,47] Fraglich ist dagegen, ob in diesem Zusammenhang aus den Gleichheits- und Nichtdiskriminierungsrechten der GRC sowie der EMRK Gewährleistungspflichten[48] für europäische Rechtssetzer abgeleitet werden könnten.

---

[39] Influence Map, Carbon Majors: 2023 Data Update, influence, 16.09.2025 < https://influencemap.org/briefing/The-Carbon-Majors-Database-2023-Update-31397>; *Burg/Hubacek/Ruzzenenti,* Allometric scalling in global corporations as a benchmarking approach to assess environmental performance; *Dietz/Fruitiere/Garcia-Manas et al.,* Nature Climate Change (2018) 1.

[40] Art 7 Abs 1 B-VG, Art 2 StGG.

[41] z. B. *Köchle/Pavlidis* in Holoubek/Lienbacher, GRC Kommentar[2] Art 20 Rz 16 mwN; zum GG z. B. *Jarass* in Jarass/Pieroth, Grundgesetz für die Bundesrepublik Deutschland[18] Art 3 GG Rz 7.

[42] Dagegen verpflichtet Art 14 Abs 4 DSA die Anbieter von Vermittlungsdiensten dazu, die Grundrechte der Nutzer zu berücksichtigen. Vgl *Raue* in Hofmann/Raue, Digital Services Act Art 14 Rz 72 ff.

[43] Vgl *Köchle/Pavlidis* in Holoubek/Lienbacher, GRC Kommentar[2] Art 20 Rz 15; *Rossi* in Calliess/Ruffert, EUV AEUV[6] Art 20 GRC Rz 13; vgl dagegen Art 24 Abs 2 GRC, der vorsieht, dass auch bei allen Kindern betreffenden Maßnahmen privater Einrichtungen das Wohl des Kindes vorrangige Erwägung sein muss. Vgl *von der Decken* in Heselhaus/Nowak, Handbuch der Europäischen Grundrechte[2] Rz 46 zur Weiterentwicklung über Art 26 IPBPR.

[44] Protocol No. 12 to the Convention for the Protection of Human Rights and Fundamental Freedoms (ETS No. 177) Stand 20.01.2026. Österreich und Deutschland haben dieses Abkommen zwar unterzeichnet, aber noch nicht ratifiziert.

[45] Vgl z. B. *Epiney* in Callies/Ruffert, EUV/AEUV[6] Art 19 AEUV Rz 10 ff.

[46] Vgl EuGH 19.01.2010 C-555/07 (Kükükdeveci) Rz 50 ff, 56; EuGH 17.04.2018 C-414/16 (Egenberger) Rz 79, 82. Vgl*Atrey,* German Law Journal 2025, 160 f., der sich daher für ein weitergehendes Verständnis des persönlichen Anwendungsbereiches der Gleichheitsrechte ausspricht und vorschlägt an die strukturelle Form, in der die Ungleichheit auftritt (z. B. Sexismus oder Rassismus) anzuknüpfen.

[47] z. B. *Köchle/Pavlidis* in Holoubek/Lienbacher, GRC Kommentar[2] Art 20 GRC Rz 17; *Rossi* in Calliess/Ruffert, EUV AEUV[6] Art 20 GRC Rz 5.

[48] Zu Terminologie und dogmatischer Begründung siehe *Holoubek,* Grundrechtliche Gewährleistungspflichten; 75 ff.

Auch wenn der akademische Diskurs zu dieser Frage bislang im Wesentlichen Freiheitsrechte betrifft,[49] – die Rechte auf Leben, auf Privat- und Familienleben oder auf freie Meinungsäußerung[50] seien exemplarisch genannt – wirken auch Gleichheitsrechte und Diskriminierungsverbote in die Schutzpflichtendiskussion hinein. Leitet man nämlich aus Freiheitsrechten, wie das etwa der EGMR[51] in der bereits zitierten Entscheidung zu den KlimaSeniorinnen getan hat, staatliche Handlungspflichten ab, ist – unbeschadet aller gesetzgeberischen Gestaltungsspielräume[52] – nämlich eine gleichheitskonforme Wahrnehmung dieser Handlungspflichten geboten.[53] Auch wenn man annimmt, und das lässt sich meines Erachtens mit guten Gründen argumentieren,[54] dass es zur Sicherung der Grundrechtsausübung im digitalen Raum einer Erweiterung der Grundrechtsbindung auf dessen *Gatekeeper*[55] bedarf, wie sie mit dem DSA[56] für Anbieter von Vermittlungsdiensten[57] in eingeschränkter Art und Weise vorgesehen wurde,[58] dann muss diese notwendig auch Gleichheitsrechte mitumfassen.[59] Dabei müssen die Normsetzer etwa auch die Gefahren der Diskriminierung *durch* digitale Technologien,[60] oder die strukturellen Auswirkungen ihrer Nachhaltigkeitsrisiken[61] berücksichtigen.

---

[49] z. B. *Hollaus,* JBl 2024, 485; *Hollaus,* ÖJA 2023, 377; *Eifert,* ZöR 2022, 537; *Fremuth* in FS Merli 149.

[50] Art 2, 8, und 10 EMRK; Art 2, 7 und 11 GRC.

[51] EGMR 09.04.2024, 53600/20 (Verein KlimaSeniorinnen Schweiz u. a./Schweiz).

[52] Das BVerfG hatte im Klimabeschluss zwar eine Schutzpflichtverletzung aufgrund des diesbezüglichen Spielraums des Gesetzgebers verneint, nahm aber an, dass die Grundrechte iS einer intertemporalen Freiheitssicherung auch einen „Anspruch auf gleichmäßige Freiheitsverkürzung" (*Holoubek,* Grundrechtsschutz vor neuen Herausforderungen in 21. ÖJT Band I/1 104) vermitteln; BVerfGE 157, 30 (128 f.) – Klimaschutz. Siehe dazu noch unten 3.

[53] EGMR 04.12.2008, 30562/04 30566/04, (S. und Marper/Vereinigtes Königreich) Rz 112.

[54] *Köchle/Pavlidis* in Holoubek/Lienbacher, GRC Kommentar^{2} Art 20 GRC Rz 15.

[55] Der Begriff „Gatekeeper" wird hier nicht im technischen Sinne verwendet, sondern als Synonym für die in privater Hand liegenden „Treiber" der digitalen Transformation. Im europäischen Recht wird der Begriff („Torwärter") im DMA definiert. Gemäß Art 3 (1) DMA handelt es sich dabei um ein Unternehmen, das erheblichen Einfluss auf den Binnenmarkt hat, einen zentralen Plattformdienst für gewerbliche Nutzer als Zugang zum Enduser anbietet und eine gefestigte und dauerhafte Position innehat oder innehaben wird. Derzeit sind 7 Unternehmen, welche 23 zentrale Plattformdienste anbieten, als „Gatekeeper" nach dem DMA von der Kommission benannt. Vgl Europäische Kommission, Gatekeepers 20.01.2026 <https://digital-markets-act.ec.europa.eu/gatekeepers_en>.

[56] „Digital Services Act"; Verordnung (EU) 2022/2065 oder Gesetz über digitale Dienste, ABl 2022 L 277/1.

[57] Zur Definition von „Vermittlungsdiensten" siehe Art 3 lit g DSA.

[58] Vgl insb Art 14 Abs 4 und Art 34 f. DSA.

[59] Art 14 Abs 4 DSA sieht die Berücksichtigung der „Grundrechte der Nutzer, die in der Charta verankert sind", vor, was auch die Gleichheitsrechte umfasst. (*Raue* in Hofmann/Raue, Digital Services Act, Art 14 Rz 89).

[60] Vgl z. B. *Xenidis/Senden* in Bernitz et al 151; *Xenidis,* Maastricht Journal of European and Comparative Law 27/6 (2020) 736; *Xenidis,* Transnational Legal Theory 14/4 (2024) 378.

[61] Siehe zu den Nachhaltigkeitsrisiken digitaler Technologien den Beitrag von *Weber* in diesem Band.

3 Intertemporale und intergenerationale Aspekte

Wenn man darüber nachdenkt, wen die doppelte Transformation am meisten beeinträchtigt, ist die naheliegende Antwort wahrscheinlich nicht ein weißer, finanziell abgesicherter, älterer Mann in einem der reichsten Länder der Welt mit gemäßigtem Klima und quasi flächendeckender Breitbandversorgung. Vielmehr entscheiden unsere heute getroffenen Entscheidungen im Umgang sowohl mit der Klimakrise als auch mit Technologie auch und vor allem über Lebenschancen und -qualität jüngerer und künftiger Generationen.[62] Die damit angesprochene intertemporale oder intergenerationale Dimension der „Twin Transition" wirft in Zusammenhang mit dem mir gestellten Thema die Frage nach einer ebensolchen Dimension der Gleichheits- und Nichtdiskriminierungsrechte auf. Mit anderen Worten stellt sich demnach die Frage, ob jene Rechte einen Anspruch auf „Gleichheit in der Zeit"[63] vermitteln. Oder, noch einmal anders: Besteht über das Verbot der Altersdiskriminierung[64] hinaus auch ein Anspruch auf Gleichbehandlung gegenüber künftigen Generationen?

Zwar lassen sich diese Fragen auch losgelöst von den hier gegenständlichen Transformationsprozessen stellen, vor allem in Hinblick auf den als „biggest threat to our survival as a species"[65] bezeichneten Klimawandel stellen sie sich freilich mit besonderer Dringlichkeit. Nicht nur werden nämlich heute mögliche Klimaschutzmaßnahmen mit zunehmender globaler Erwärmung zugleich weniger wirksam und teurer,[66] es stellt sich dabei aus einer grundrechtsdogmatischen Perspektive außerdem die Frage, ob es zulässig ist, die damit notwendig verbundenen Lasten[67] solcherart in die Zukunft zu verschieben. Das wurde und wird im Sinne einer Frage nach der Verpflichtung „zur verhältnismäßigen Verteilung von Freiheitschancen über die Generationen"[68] bislang vor allem aus der Perspektive der intertemporalen Sicherung der Freiheitsrechte und in Auseinandersetzung mit dem sog Klimabeschluss

---

[62] Vgl *Britz* in Kirchhof/Wolff, 204 f., die idZ von „zeitübergreifender Bewirkungsmacht" staatlichen Handels spricht.

[63] *Britz* in Kirchhof/Wolff, 199.

[64] Art 21 (1) GRC, konkretisiert durch die GleichbehandlungsrahmenRL 2000/78/EG. Das Verbot gilt für alle Sachverhalte, welche einen Unionsrechtsbezug aufweisen, im Anwendungsbereich des Unionsrechts kommt diesem Grundrecht unmittelbare Wirkung zu. Die GleichbehandlungsrahmenRL gilt dabei für alle Personen im öffentlichen und privaten Bereich. (OGH 24.09.2012, 9 ObA 70/12b).

[65] Vereinte Nationen, Secretary-General's remarks to the UN Human Rights Council: „The Highest Aspiration: A Call to Action for Human Rights" [as delivered], 24.02.2020 <https://www.un.org/sg/en/content/sg/statement/2020-02-24/secretary-generals-remarks-the-un-human-rights-council-%E2%80%9Cthe-highest-aspiration-call-action-for-human-rights-delivered-scroll-down-for-all-english>.

[66] Vgl Intergovernmental Panel on Climate Change, Climate Change 2023 – Synthesis Report, 16.09.2025 <https://www.ipcc.ch/report/ar6/syr/downloads/report/IPCC_AR6_SYR_SPM.pdf> B.4.

[67] Vgl *Wutscher/Hollaus*, ÖHW 2023, 19.

[68] BVerfGE 157, 30 (177) – Klimaschutz.

des deutschen BVerfG[69] diskutiert.[70] Allerdings schwingen, um *Gabriele Britz* zu paraphrasieren, die in diesem Verfahren auch die zuständige Berichterstatterin war, Gleichheitstöne in dieser Diskussion doch deutlich hörbar mit.[71]

Ähnliche Problemlagen ergeben sich iHa die digitale Transformation. Die Verfügbarkeit digitaler Infrastruktur und der Mangel an digitalen Kompetenzen entscheiden nämlich nicht nur über den Zugang künftiger Generationen zu Bildung und Beschäftigung sowie über ihre (globale) Wettbewerbsfähigkeit. Vielmehr droht ihnen dadurch auch der Verlust des Zugangs zu politischen Informationen und der Teilhabe am politischen Leben; sie werden anfälliger für Desinformationskampagnen, was fundierte Entscheidungen erschwert, bestimmte Gruppen marginalisiert und das demokratische Gefüge insgesamt schwächt.

Klar ist, dass künftige Generationen grundsätzlich nicht grundrechtsfähig sind.[72] Das bedeutet aber nicht, dass die künftigen Folgen gegenwärtiger Entscheidungen nicht grundrechtsrelevant wären und daraus keine objektiv-rechtlichen Schutzpflichten abgeleitet werden könnten.[73] In Bezug auf Gleichheitsrechte gilt es dabei zunächst zu fragen, ob künftig Lebende als Vergleichsgruppe herangezogen werden könnten, im Verhältnis zu den gegenwärtigen Grundrechtsträgern also als „Gleiche" anzusehen wären. Das ist im Grunde bereits angesichts ihrer mangelnden Grundrechtsträgerschaft in GRC und EMRK[74] eher zu verneinen. Daher dürfte der allgemeine Gleichheitssatz des Art 20 GRC für sich genommen auch keine taugliche Grundlage für die Ableitung konkreter, auf künftige Generationen bezogener, objektiv-rechtlicher Handlungspflichten der Gesetzgebung zur Begleitung der doppelten Transformation darstellen. Allerdings, und dafür sprechen auch die Menschenwürdegarantie[75] und die Freiheitsgrundrechte,[76] kann auch dem Primärrechtsgesetzgeber durchaus eine, auch zukunftsgerichtete Verantwortung in Hinblick auf

---

[69] BVerfGE 157, 30 – Klimaschutz.

[70] Z. B. *Eifert,* ZöR 2022, 537; *Britz* in Kirchhof/Wolff, 199; *M. Hofer* in Bechmann et al. 55; *Drigo,* German Law Journal 2024, 1120; *Gebhard,* DÖV 2025, 405. Mangels eigenständigen Grundrechts auf Klimaschutz, stützt sich auf diese Argumentation auf die künftige Sicherung der Ausübung von Grundrechten durch Klimaschutzmaßnahmen; siehe *Wutscher/Hollaus,* ÖHW 2023, 25. Neben der grundrechtlichen Perspektive lassen sich Fragen der Generationengerechtigkeit aber auch als Fragen nach dem Schutz demokratischer Gestaltungsmöglichkeiten zukünftiger Generationen sowie nach der Verantwortung derzeitiger, im parlamentarischen System repräsentierter Generationen gegenüber (noch) nicht repräsentierten Generationen formulieren; dazu wiederum *Wutscher/Hollaus,* ÖHW 2023, 20 ff.; gewissermaßen dieses demokratische Problem bereits ansprechend, vgl Art 28 Declaration des Droits de l'Homme et du Citoyen 1793: „Une génération ne peut assujettir à ses lois les générations futures".

[71] So *Britz* in Kirchhof/Wolff, 200 mwN.

[72] *Grabenwarter/Pabel,* Europäische Menschenrechtskonvention[7] § 17 Rz 3; *Jarass,* GRCh[4] Art 51 Rz 50.

[73] Vgl *Britz* in Kirchhof/Wolff, 204.

[74] Siehe wieder*Grabenwarter/Pabel,* Europäische Menschenrechtskonvention[7] § 17 Rz 3; *Jarass,* GRCh[4] Art 51 Rz 50.

[75] Art 1 GRC.

[76] Art 6 ff. GRC.

den Schutz der grundlegenden Freiheit zu selbstbestimmtem Handeln unterstellt werden.[77]

Insofern spielt aber auch der allgemeine Gleichheitssatz wiederum eine durchaus entscheidende Rolle: Wenn und insoweit nämlich Schutzpflichten zugunsten der Bedürfnisse künftiger Generationen in Hinblick auf die doppelte Transformation aus (einzelnen oder allgemein *den*) Freiheitsrechten abgeleitet werden können, sind jene *gleichheitskonform* zu erfüllen. Was die in den Diskriminierungsverboten genannten besonderen Merkmale betrifft, wäre eine darauf abstellende gesetzliche Differenzierung demnach wohl auch dann gleichheitsrechtlich unzulässig, wenn sie sich (ausschließlich) auf künftige Generationen bezöge. Nimmt man sohin einen Anspruch auf intertemporale Freiheitssicherung an, der etwa die Union anhält, zur Erreichung ihrer Klimaschutzziele wirksame Maßnahmen zu setzen, handelt es sich um einen Anspruch auf *gleichheitskonforme* intertemporale Freiheitssicherung, der etwa für Differenzierungen bei der Lastenverteilung eine, in Unterschieden im Tatsächlichen begründete, sachliche Rechtfertigung verlangt.[78]

4 Erweiterung des persönlichen Schutzbereichs?

Im letzten Schritt soll nunmehr gefragt werden, ob und welche Argumente für die Erweiterung des persönlichen Schutzbereichs von Gleichheits- und Nichtdiskriminierungsrechten auf nichtmenschliche Entitäten sprechen, denen im Zusammenhang mit dem grünen oder digitalen Wandel besondere Bedeutung zukommt. Zu denken wäre etwa an Flüsse, Bäume, (Exemplare) bestimmte(r) Tierarten oder die Natur im Allgemeinen auf der einen, sowie an Roboter oder Künstliche Intelligenzen auf der anderen Seite. Vorwegzuschicken ist, dass Rechtspersönlichkeit nicht nur nichtmenschlicher Entitäten immer eine Zuschreibung der jeweiligen Rechtsordnung darstellt. Und solche Zuschreibungen spiegeln das Weltbild und die Prioritäten einer Gesellschaft wider und wirken umgekehrt auf diese zurück.[79] Dass etwa heute klar ist, dass alle Personen über Rechts- und damit Grundrechtsfähigkeit verfügen, ist hart erkämpfter[80] Ausdruck eines Weltbilds, in dem, um mit *Gustav Radbruch* zu sprechen, „rechtliche Gleichheit [und] gleiche Rechtsfähigkeit […] das Wesen der Person ausmacht".[81] Damit sind wir aber auch schon wieder mitten im gleichheitsrechtlichen Thema.

Grundsätzlich kann die Rechtsordnung beliebige Entitäten als rechtsfähig „kodieren", um die illustrative Terminologie *Katharina Pistors* zu bemühen,[82] und ihnen

[77] Vgl, zum deutschen Gleichheitsgrundsatz, *Britz* in Kirchhof/Wolff, 209.

[78] Vgl EuGH 21.07.2011 C-21/10, (Nagy) ECLI:EU:C:2011:505 Rz 47.

[79] Vgl *Pechtl*, juridikum 2023, 21.

[80] Beispielhaft sei der Kampf um die Gleichberechtigung von Mann und Frau oder jener gegen die Sklaverei genannt.

[81] *Radbruch*, Rechtsphilosophie Studienausgabe^2 (2003) 125.

[82] *Pistor*, The Code of Capital: How the Law Creates Wealth and Inequality (2019).

so auch gleichheitsrechtlichen Schutz zuweisen.[83] Die Gewährung von Rechtspersönlichkeit an nichtmenschliche Entitäten ist denn auch primär eine rechtstechnische Frage und auch nicht neu, geht doch etwa die Rechtsfähigkeit bestimmter Korporationen bereits auf die Antike zurück.[84] Es ist daher keineswegs zwingend, nur Menschen (Grund)Rechtssubjektivität zuzugestehen. Wie selbstverständlich anerkennen wir daher heute die Vollrechtsfähigkeit juristischer Personen, die nur insoweit beschränkt ist, als eine Anwendung etwa bestimmter Grundrechte wie der Freiheit zur Eheschließung[85] faktisch nicht in Frage kommt.[86] Allerdings ist bereits *das* alles andere als selbstverständlich. Gerade bei Gleichheits- und Nichtdiskriminierungsrechten zeigen sich nämlich nicht nur die Grenzen, sondern auch die Gefahren, die eine Erweiterung ihres Schutzumfanges mit sich bringt.

Zunächst zu den Grenzen: Zum einen kommt bei den auf persönliche Merkmale natürlicher Personen, wie etwa Geschlecht oder sexuelle Orientierung, abstellenden Nichtdiskriminierungsrechten schon ihrer Natur nach eine Anwendung auf nichtmenschliche Entitäten nicht in Betracht. Bei den allgemeinen Gleichheitsrechten und jenen Merkmalen, die nicht auf natürliche Personen bezogen sind,[87] ist das zwar anders. So spricht Art 20 GRC von „Personen“, was, soweit unstrittig, auch juristische Personen umfasst.[88] Was in diesem Sinne als „Rechtsperson“ anerkannt wird und damit gleichheitsrechtlichen Schutz genießt, könnte sohin aber auf sekundärrechtlicher Ebene durchaus erweitert werden. Die Anwendung von Gleichheitsrechten setzt aber grundsätzlich voraus, dass es (zumindest gedanklich)[89] ein zu Vergleichendes gibt. Eine unsachliche Ungleichbehandlung *der Natur*[90] oder auch von einzigartigen Naturdenkmälern oder Ökosystemen wie dem *Mar Menor* kommt demnach schon mangels Vergleichsgruppe nicht in Betracht. Der Mehrwert einer Einbeziehung in den persönlichen Schutzbereich der Gleichheitsrechte wäre daher, unbeschadet der Notwendigkeit eines stärkeren, auch rechtlichen Schutzes sowohl der Natur im Allgemeinen als auch besonders schützenswerter Ökosysteme im Besonderen eher gering.

---

[83] Vgl iHa die „Kodierung“ als eigentumsrechtlich schützenswert *Wutscher,* ÖZW 2024, 174 ff.

[84] Z. B. konnten auch politische und gesellschaftliche Organisationen bereits im römischen Recht Rechtsfähigkeit innehaben; näher *Honsell,* Römisches Recht[8] 15. Vgl, zum Verhältnis Rechtsfähigkeit und Grundrechtsträgerschaft *Neuhöfer,* Grundrechtsfähigkeit Künstlicher Intelligenz 57 ff.

[85] Art 12 EMRK, Art 9 GRC.

[86] Zur deutschen Rechtslage z. B. *Schirmer* 03.10.2019, Digitale Rechtssubjekte? Ja, aber nur teilweise <https://verfassungsblog.de/digitale-rechtssubjekte-ja-aber-nur-teilweise/>, *Maatz,* CR 2024, 323; *Neuhöfer,* Grundrechtsfähigkeit Künstlicher Intelligenz; zur österreichischen Rechtslage *Pechtl,* juridikum 2023, 20.

[87] Z. B. auch Weltanschauung, Religion, Sprache?

[88] Z. B. *Köchle/Pavlidis* in Holoubek/Lienbacher, Art 20 GRC Rz 17.

[89] Vgl *Pöschl,* JBl 1997, 413.

[90] *Pechtl,* juridikum 2023, 27.

Das könnte *prima facie* anders sein, wenn wir über Vertreter bestimmter Tierarten, Roboter oder Künstliche Intelligenzen sprechen,[91] obschon auch jene Entitäten nur über (menschliche) Vertreter handeln könnten. Allerdings werden gerade anhand der Gleichheitsrechte auch die mit der Anerkennung einer Rechtspersönlichkeit solcher Entitäten einhergehenden Gefahren sichtbar. Zum einen liegen sie in der Gleichsetzung mit natürlichen Personen, in der auch im Verhältnis zum Menschen unterschiedliche Behandlungen potenziell rechtfertigungsbedürftig werden; *Jan-Erik Schirmer* hat das – freilich ohne die spezifisch gleichheitsrechtliche Perspektive – treffend als „Vermenschlichungs-Falle“[92] bezeichnet.

Vor allem ist aber auch hier der Mehrwert einer Einbeziehung in den persönlichen Schutzbereich der Gleichheitsrechte fraglich. Damit soll nicht verkannt werden, dass die Kritik am Anthropozentrismus der Menschenrechte dazu beitragen kann, das Bewusstsein für die „Bedürfnisse“ der betreffenden nichtmenschlichen Entitäten zu schärfen.[93] Allerdings verstellt diese Diskussion potenziell auch den Blick auf die eigentlich entscheidenden Fragen: Wer ist verantwortlich dafür, dass bestimmte Tierarten kaum noch adäquate Lebensräume vorfinden? Wie kann ein wirksamer Schutz solcher Lebensräume aussehen, wer ist wie in die Pflicht zu nehmen, und natürlich auch: wie und wo lässt sich das angesichts konkurrierender – (unstrittig auch grund-)rechtlich geschützter – Interessen[94] effektiv durchsetzen? Es sei zumindest bezweifelt, ob es angesichts dieser Herausforderungen wirklich sinnvoll ist, darüber zu sinnieren, ob man den etwa gegenüber Frauen oder behinderten Personen voreingenommenen Output einer Künstlichen Intelligenz (Stichwort: Bias) als „Anschauung“ *der Künstlichen Intelligenz* qua Diskriminierungsverbot grundrechtlich schützen könnte.

5 Fazit

Lassen Sie mich als Fazit die Ergebnisse der drei skizzierten Problemfelder noch einmal kurz zusammenfassen:

---

[91] *Neuhöfer,* Grundrechtsfähigkeit Künstlicher Intelligenz 69 ff., schlägt eine „partielle“ Grundrechtsfähigkeit vor, abgestuft nach Kommunikationsverhältnis und jeweiligen Eigenheiten des betroffenen Grundrechts.

[92] *Schirmer* 03.10.2019, Digitale Rechtssubjekte? Ja, aber nur teilweise <https://verfassungsblog.de/digitale-rechtssubjekte-ja-aber-nur-teilweise/>.

[93] Die Diskussion befeuert hat etwa das mittlerweile zurückgezogene Vorabentscheidungsersuchen des LG Erfurt im „Dieselskandalfall“ (LG Erfurt, Beschluss 09.08.2021, 8 O 481/21), wo dieses argumentiert hatte, dass sich aus der GRC und dem Primärrecht Eigenrechte der Natur ergeben; siehe dazu *Pechtl,* juridikum 2023, 21; *Gutmann* 28.10.2024, Fruchtbare Irritationen <https://verfassungsblog.de/rechte-der-natur-erfurt-2/>.

[94] Man denke z. B. an Eigentumsrechte, das Recht auf persönliche Freiheit oDgl;. idZ ist überdies zu erinnern, dass digitale Technologien auch gewisse Nachhaltigkeitsrisiken mit sich bringen; siehe dazu den Beitrag von *Weber* in diesem Band.

1. Sowohl der Klimawandel als auch die Digitalisierung gehen mit strukturellen Diskriminierungen einher. Allerdings sind die Gleichheits- und Nichtdiskriminierungsrechte der GRC sowie der EMRK nur bedingt geeignet, diese „Climate Inequalities“ und „Digital Inequalities“ zu adressieren, weil jene oftmals nicht durch staatliche Maßnahmen verursacht sind. Sie spielen aber bei der Begründung staatlicher Handlungspflichten eine entscheidende Rolle: Denn insofern solche Handlungspflichten begründet werden, sind sie gleichheitskonform wahrzunehmen.
2. Ähnliches gilt in Hinblick auf die intertemporale und intergenerationale Dimension. Zwar bilden die Gleichheits- und Nichtdiskriminierungsrechte der GRC sowie der EMRK für sich genommen keine taugliche Grundlage für die Ableitung konkreter, auf künftige Generationen bezogener, objektiv-rechtlicher Handlungspflichten der Gesetzgebung. Leitet man aber aus (den/einzelnen) Freiheitsrechten einen Anspruch auf intertemporale Freiheitssicherung ab, handelt es sich um einen Anspruch auf *gleichheitskonforme* intertemporale Freiheitssicherung.
3. Dagegen kann zwar kann die Rechtsordnung beliebige Entitäten als rechtsfähig „kodieren“. Der Mehrwert einer Einbeziehung nichtmenschlicher Entitäten wie der Natur oder Künstlicher Intelligenzen in den persönlichen Schutzbereich der Gleichheits- und Nichtdiskriminierungsrechte bleibt aber eher fraglich.

Literatur

Atrey, Equality Law: A Structural Turn, German Law Journal 2025, 153.

Barber, Three Scenarios for the Future of Technology and Strong Democracy, Political Science Quaterly (1998).

Britz, „Gleichheit in der Zeit“ Gleichheit als Grund, nicht aber als Maß der Langzeitverantwortung gegenüber künftig Lebenden, in Kirchhof/Wolff (Hg), Zukunftssicherndes Verfassungsrecht (2024) 199.

Burg/Hubacek/Ruzzenenti, Allometric scalling in global corporations as a benchmarking approach to assess environmental performance (2022).

Çelik, The Digital Inequalities in The Digital Society in Karacagil (Hg), Current Debates on Social Sciences 13 (2023) 75.

Chafehé/Ricci/Stöhlker, The Impact of the Cost-of-Living Crisis on European Households (2024).

Chanel/Bothe/Voituriez, Climate Inequality Report 2023, World Inequality Lab Study 2023/1.

Chindarkar, Gender and climate change-induced migration: proposing a framework for analysis, Environmental Research Letters 7 (2012).

Climate Change Centre Austria, Unterschiede in der Hitze-Übersterblichkeit: Übersicht und Analysen für Österreich (2025).

Cooper, The digital divide: the special case of gender, Journal of Computer Assisted Learning (2006).

Dietz/Fruitiere/Garcia-Manas et al, An assessment of climate action by high-carbon global corporations, Nature Climate Change (2018) 1.

Drigo, Future Generations in Climate Litigation: Early Whispers of an Intergenerational Law? German Law Journal 2024, 1120.

Eifert, Die zeitliche Dimension des Freiheitsschutzes in der gebotenen Transformation zur Klimaneutralität: Der Klimabeschluss, ZÖR 2022, 537.

Epiney in Callies/Ruffert (Hg), EUV/AEUV[6] (2022) Art 19 AEUV.

Essig, Zugang zum Recht & Inklusion durch Legal Tech, ÖZW 2023, 85.

Fremuth, When the House is on Fire…Grund- und Menschenrechte als Instrument des Klimaschutzes, in FS Merli (2023) 149.

Gebhard, Zukunftssicherung als Aufgabe grundrechtlicher Schutzpflichten – Eine kritische Analyse der Dogmatik der Figur der „eingriffsähnlichen Vorwirkung", DÖV 2025, 405.

Grabenwarter/Pabel, Europaische Menschenrechtskonvention[7] (2021) § 17.

Gutmann 28.10.2024, Fruchtbare Irritationen <https://verfassungsblog.de/rechte-der-natur-erfurt-2/>.

Helsper, The digital disconnect (2021).

Hofer, Klimabezogene Schutzpflichten als Herausforderung für die Grundrechtsdogmatik, in Bechmann et al. (Hg), Zukunftsverfassungsrecht, 64. Junge Tagung Öffentliches Recht (2025), 55.

Hollaus, Das Urteil des EGMR im Fall KlimaSeniorinnen und seine Implikationen für den europäischen Grundrechtsschutz, JBl 2024, 485.

Hollaus, Staatliche Schutzpflichten in der Klimakrise, ÖJA 2023, 377.

Holoubek, Grundrechtsschutz vor neuen Herausforderungen, in ÖJT (Hg), ÖJT 2022, Band I/1: Grundrechtsschutz vor neuen Herausforderungen (2022).

Holoubek, Verhältnismäßigkeit und Sachlichkeit: Überlegungen zu ihrer Bedeutung in der Struktur der Gleichheitsprüfung, ZÖR 2019, 867–881.

Holoubek, Grundrechtliche Gewährleistungspflichten (1997).

Honsell, Römisches Recht[8] (2015).

Huster, Gleichheit im Mehrebenensystem: Die Gleichheitsrechte der Europäischen Union in systematischer und kompetenzrechtlicher Hinsicht, EuR 2010, 325.

Intergovernmental Panel on Climate Change, Climate Change 2022: Impacts, Adaptation and Vulnerability (2022) 12.

Jarass, GRCh[4] (2021) Art 51.

Jarass in Jarass/Pieroth (Hg), Grundgesetz für die Bundesrepublik Deutschland[18] (2024) Art 3 GG.

Jasmontaite/de Hert, Access to the Internet in the EU: A Policy Priority, a Fundamental, a Human Right or a Concern for eGovernment, Brussels Privacy Hub Working Paper 6/19 (2020).

Knox/Ramin (Hg), The Human Right to a Healthy Environment (2018).

Köchle/Pavlidis in Holoubek/Lienbacher (Hg), GRC Kommentar (2019) Art 20 GRC.

Lagoudi, The Digital Divide at the Dawn of the 21st Century: Early Definition and Analysis, IJSR (2021).

Maatz, Rechtssubjektivität im digitalen Zeitalter, CR 2024, 323.

Masselot/Mistry/Rao et al, Estimating future heat-related and cold related mortality under climate change, demographic and adaptation scenarios in 854 cities, Nature Medicine 31 (2025) 1295.

Mayrhofer/Parycek, Digitalisierung des Rechts – Herausforderungen und Voraussetzungen, 21. ÖJT Band IV/1 (2022).

Mazzoni et al 19.04.2024, Study on the Implications of the Digital Transformation on Different Social Groups <https://digitalsociety.eui.eu/publication/the-implications-of-the-digital-transformation-on-different-social-groups/>.

Müller/Stöber/Lang, Twin Transition – Gidden Links between the Green and Digital Transformation, Journal of Innovation Economics &Management (2024).

Mulyaningsih/Wahyunengseh/Hastjarjo, Poverty and Digital Divide: A study in Urban Poor Neighborhoods, JSP (2020).

Neuhöfer, Grundrechtsfähigkeit Künstlicher Intelligenz (2023).

Öhlinger/Eberhard, Verfassungsrecht[14] (2025).

Öhlinger/Eberhard/Potacs, EU-Recht und staatliches Recht[8] (2023).

Pechtl, Zu den Rechten der Natur: Rechtssubjektivität der Natur – Hirngespinst oder Notwendigkeit, juridikum 2023, 20.

Pistor, The Code of Capital: How the Law Creates Wealth and Inequality (2019).

Pöschl, Gleichheit vor dem Gesetz (2008).

Pöschl, Über Gleichheit und Verhältnismäßigkeit, JBl 1997, 413.

Radbruch, Rechtsphilosophie -Studienausgabe[2] (2003).

Raue in Hofmann/Raue (Hg), Digital Services Act (2023) Art 14.

Rawls, A Theory of Justice (1971).

Robinson/Cotton/Ono et al, Digital inequalities and why they matter, Information, Communication & Society (2015).

Rossi in Calliess/Ruffert (Hg), EUV/AEUV[6] (2022) Art 20 GRC.

Schirmer 03.10.2019, Digitale Rechtssubjekte? Ja, aber nur teilweise < https://verfassungsblog.de/digitale-rechtssubjekte-ja-aber-nur-teilweise/>.

Statistik Austria, Dimensionen der Energiearmut in Österreich – Hohe Energiekosten bzw. Nicht-Leistbarkeit von Energie für Wohnen (2022).

von der Decken in Heselhaus/Nowak (Hg), Handbuch der Europäischen Grundrechte[2] (2020).

Wagrandl, Willkür: Geschichte und Gestalt eines verfassungsgerichtlichen Maßstabs, JBl 9 (2021) 569.

Wagrandl, Willkür: Geschichte und Gestalt eines verfassungsgerichtlichen Maßstabs, JBl 10 (2021) 637.

WIFO, COSTS – Leistbarkeit von Mobilität in Österreich (2016).

Wutscher, On the Relationship of Code and Law, in Martinetz, Wutscher (Hg), Automating the Rule of Law (nnv).

Wutscher, Eigentumsfreiheit als Wirtschaftsgrundrecht, ÖZW 2024, 172.

Wutscher/Hollaus, Was kostet die (Um)Welt? Zum Verhältnis von Klimaschutz und öffentlichem Haushalt, ÖHW 2023, 15.

Xenidis, Tuning EU equality law to algorithmic discrimination: Three pathways to resilience, Maastricht Journal of European and Comparative Law 27&76 (2020) 736.

Xenidis, Beyond bias: algorithmic machines, discrimination law and the analogy trap, Transnational Legal Theory 14/4 (2024), 378.

Xenidis/Senden, EU non-discrimination law in the era of artificial intelligence: Mapping the challenges of algorithmic discrimination, in Bernitz et al (eds), General Principles of EU law and the EU Digital Order (2020) 151.

Zahnow/Yousefina/Hassankhani et al, Climate change inequalities: A systematic review of disparities in access to mitigation and adaptation measures, Environmental Science & Policy (2025).

Zaidi, Poverty and Income of Older People in OECD Countries (2009).

Digitalisierung im europäischen Green Deal und im Clean Industrial Deal

Walter Frenz

Inhaltsverzeichnis

W. Frenz (✉)
Maître en Droit Public, RWTH Aachen University, Aachen, Deutschland
e-mail: frenz@bur.rwth-aachen.de

S. Martinetz und C. Wutscher (Hrsg.), *Digitale Nachhaltigkeit – Nachhaltige Digitalisierung,* https://doi.org/10.1007/978-3-662-73381-3_3

Zusammenfassung Die Europäische Union sieht in ihrem Green Deal und Klimapaket „Fit for 55“ die Digitalisierung als einen der Schlüsselfaktoren. Zur Bewältigung von klimabezogenen Problemen wird es als notwendig erachtet, hohe Investitionen in strategische digitale Kapazitäten und modernste digitale Technologien zu tätigen. Dieser Beitrag behandelt das Zusammenspiel von Digitalisierung und Klimaschutz und zeigt auf, wie die Europäische Union mit dem Green Deal und seinem Nachfolger, dem Clean Industrial Deal, mit den Herausforderungen der doppelten Transformation umgeht. Er untersucht außerdem die grundlegenden europäischen Bestimmungen der Digitalisierung (DGA, DSGVO, Data Act und KI-VO).

Schlüsselwörter Digitalisierung · Green Deal · Clean Industrial Deal · KI-Verordnung

1 Green Deal

Die Digitalisierung hat im Klimaschutz eine besondere Bedeutung. Sie wurde durch die Fortentwicklung des Green Deal im Clean Industrial Deal erheblich stärker und ist durch diverse spezifische KI- und Datenschutzbestimmungen sowie allgemein wettbewerbsrechtliche Vorschriften abgesichert.

1.1 Allgemeines

Der Green Deal ist ein Fahrplan mit verschiedenen Maßnahmen, um eine effizientere Ressourcennutzung durch den Übergang zu einer sauberen und kreislauforientierten Wirtschaft zu fördern sowie die Biodiversität wiederherzustellen und die Umweltverschmutzung zu bekämpfen. Damit reicht er weiter als der reine Klimaschutz.

Es geht insgesamt um den Übergang zu einer umweltfreundlichen Wirtschaft. Zu diesem Zweck müssen zahlreiche Investitionen erfolgen. Der Green Deal zeigt auf, wie diese finanziert werden können und wie ein gerechter und inklusiver Übergang gelingen kann. Eine finanzielle und technische Hilfe erfolgt für die Menschen, Unternehmen und Regionen, welche am stärksten mit dem Übergang zu einer umweltfreundlichen Wirtschaft zu kämpfen haben, und zwar im Rahmen des Mechanismus für einen gerechten Übergang. Durch ihn sollen von 2021 bis 2027 in den am meisten betroffenen Regionen mindestens 100 Mrd. Euro mobilisiert werden.

1.2 Investitionsplan für ein zukunftsfähiges Europa

1.2.1 Zielsetzung

Am 14.01.2020 wurden der Investitionsplan für ein zukunftsfähiges Europa und der Mechanismus für einen gerechten Übergang vorgestellt, nachdem der europäische Green Deal schon am 11.12.2019 präsentiert worden war.[1] Die Mitteilung der Kommission betont den Charakter des europäischen Grünen Deals als Antwort auf die klima- und umweltbezogenen Herausforderungen und als eine neue Wachstumsstrategie. Sie soll die EU in eine faire und wohlhabende Gesellschaft umwandeln, mit einer modernen, ressourceneffizienten und wettbewerbsfähigen Wirtschaft, in der es 2050 keine Netto-Treibhausgasemissionen mehr gibt, in der die Umwelt und die Gesundheit der Bürgerinnen und Bürger geschützt sind und das Wirtschaftswachstum von der Ressourcennutzung abgekoppelt ist.[2]

Diese Abkoppelung des Wirtschaftswachstums von der Ressourcennutzung soll ein langfristiges sauberes Wachstum ermöglichen, das zugleich für die effektive Verwirklichung einer nachhaltigen Entwicklung steht, bei welcher immer wieder der Ressourcenverbrauch thematisiert wurde.[3] Kernbestandteil ist damit auch die Ressourceneffizienz, welche in Art 191 Abs 1 3. Teilstrich AEUV als umweltpolitisches Ziel bereits aufgestellt ist.[4]

Im Zentrum der Mitteilung steht freilich die Bekämpfung des Klimawandels, die gerade auch in Europa erfolgen muss, sodass die Förderung von Maßnahmen auf internationaler Ebene zu diesem Zweck nach Art 191 Abs 1 4. Teilstrich AEUV einen zentralen Binnenmarktbezug erhält. Das gilt zumal deshalb, weil sich der Green Deal und die Folgeakte nicht auf Zielsetzungen und Vorgaben an die Mitgliedstaaten beschränken, sondern einen konkreten Investitionsplan für ein zukunftsfähiges Europa

---

[1] KOM (2020) 21 endg; Dazu *Frenz*, Grundzüge Klimaschutzrecht[3] Kap. 2, auch für das Folgende.

[2] KOM (2020) 21 endg, 1.

[3] Siehe bereits die von der Bundesregierung abgeleiteten Managementregeln im Zuge der Agenda 21, Bundesministerium für Umwelt, Naturschutz und Reaktorsicherheit, Bericht der Bundesregierung anlässlich der UN-Sondergeneralversammlung über Umwelt und Entwicklung 1997 in New York. Auf dem Weg zu einer nachhaltigen Entwicklung in Deutschland, BT-Drs. 13/7054, 6.

[4] Näher etwa *Frenz,* Handbuch Europarecht Rn 4529 ff.: mögliche Umsetzung der Begrenztheit der natürlichen Ressourcen.

als Investitionssäule des europäischen Grünen Deals etablieren. Ein „nachhaltiges“ Europa – dieses wird in diesem Kontext damit ausdrücklich benannt – erfordert bedeutende Investitionen in allen Wirtschaftssektoren.[5]

1.2.2 Instrumente

Über diesen Investitionsplan sollten über den EU-Haushalt am besten Instrumente mit mindestens einer Billion Euro sowohl an privaten als auch an öffentlichen nachhaltigen Investitionen mobilisiert werden. Er bildet einen umfassenden Rahmen für die Nachhaltigkeitswende überall in der EU, welche sich in Klima- und Umweltinvestitionen sowie in Sozialinvestitionen niederschlägt.

Da diese staatlichen Investitionen und Maßnahmen allein nicht ausreichen, müssen private Akteure für das nötige Volumen sorgen und so zusätzliche Ressourcen beisteuern, um die Ziele des Grünen Deals zu verwirklichen. Hierzu will die Kommission neue Politikinitiativen mit Aufstockungen bereits bestehender Finanzinstrumente in einem einschlägigen Rahmen zusammenführen.[6]

1.2.3 Ansatzpunkte

Die Kommission nennt drei Ansatzpunkte für den Investitionsplan zugunsten eines zukunftsfähigen Europas mit Übergang zu einer klimaneutralen, grünen Wirtschaft:

- Mobilisierung von mindestens einer Billion Euro über den EU-Haushalt für nachhaltige Investitionen bis 2030 einschließlich Anreizen für private Investitionen durch Garantien,
- Geeignete Rahmenbedingungen für private Investoren und im öffentlichen Sektor für nachhaltige Investitionen,
- Gezielte Unterstützung von Behörden und Projektträgern bei der Auswahl, Strukturierung und Durchführung nachhaltiger Projekte.

1.2.4 Breites Spektrum

Die Schaffung geeigneter Rahmenbedingungen für private Investoren und den öffentlichen Sektor bezieht zahlreiche Sektoren mit ein. Das Potenzial von Finanzinstituten und privaten Investoren soll insbesondere durch die EU-Taxonomie, den Grundsatz „Energieeffizienz an erster Stelle“ und die Nachhaltigkeitsprüfung freigesetzt werden. Der öffentliche Sektor erkennt Investitionsnotwendigkeiten über das europäische Semester, die Überprüfung der Umsetzung der EU-Umweltpolitik, die nationalen Energie- und Klimapläne im Rahmen der Energieunion und die Pläne, welche in den sektorspezifischen Umweltrechtsvorschriften und damit etwa über

---

[5] KOM (2020) 21 endg, 1.

[6] KOM (2020) 21 endg, 1.

Abfälle, Wasser, Biodiversität und Luft vorgeschrieben sind. Der Green Deal erstreckt sich damit praktisch auf die ganze EU-Umweltpolitik und hat als tragende Säule weiterhin die Energiewende.

In einer Abbildung fasst die Kommission die Bereiche für den Investitionsplan im Rahmen des europäischen Grünen Deals zusammen:

- Ambitioniertere Klimaschutzziele der EU für 2030 und 2050,
- Versorgung mit sauberer, erschwinglicher und sicherer Energie,
- Mobilisierung der Industrie für eine saubere und kreislauforientierte Wirtschaft,
- Energie- und ressourcenschonendes Bauen und Renovieren.

Diese Wende soll finanziert werden und die EU sich als weltweiter Vorreiter etablieren. Der Grüne Deal ist damit letztlich eine ganzheitliche Strategie, welche die Nachhaltigkeit in Europa umfassend verwirklichen soll, namentlich im Energiebereich, in der Kreislaufwirtschaft und im Gebäudesektor.[7]

Zugleich geht es darum, niemanden zurückzulassen und so einen gerechten Übergang zu gewährleisten. Es gilt, Forschungen und Förderungen von Innovationen zu mobilisieren, und zwar durch folgende Unterpunkte:

- Null-Schadstoff-Ziel für eine schadstofffreie Umwelt,
- Biodiversität erhalten und wiederherstellen,
- „vom Hof auf den Tisch“: ein faires, gesundes und umweltfreundliches Lebensmittelsystem,
- Raschere Umstellung auf eine nachhaltige und intelligente Mobilität.

Damit werden verschiedene Bereiche des täglichen Lebens angesprochen, welche vom Grünen Deal erfasst werden. Die angestrebte Umgestaltung der EU-Wirtschaft für eine nachhaltige Zukunft reicht tief in das gesellschaftliche und soziale Leben hinein. Auch die bisher immer wieder sensiblen Bereiche der Landwirtschaft und des Verkehrs werden erfasst: Eingeschlossen ist eine Umgestaltung des Lebensmittelsystems und eine Verkehrswende, auch insoweit handelt es sich um Bestandteile des europäischen Klimapakts.

1.2.5 Konkreter Investitionsplan

Diese Ziele sollen über einen konkreten Investitionsplan verwirklicht werden. Dessen Bestandteil ist eine Billion Euro an Investitionen. Mindestens 25 % des EU-Haushaltes sollen für Klimainvestitionen verwendet werden. Eine InvestEU-Strategie zielt darauf ab, das Risiko privater Investitionen in Nachhaltigkeit zu mindern. Die Europäische Investitionsbank soll als Klimabank fungieren. Dadurch gilt es, sehr große Mittel zu mobilisieren.

Diese gehen einher mit einer neuen Strategie für ein nachhaltiges Finanzwesen und Taxonomie. Öffentliche Investitionen und auch die nationalen Haushalte müssen zu der Verwirklichung der verfolgten Ziele beitragen, die Politik muss Anreize

[7] Zu den Diskussionen auf EU-Ebene *Frenz,* EuR 2023, 238 ff.

bieten (europäisches Semester) und die nachhaltige Wirkung soll sichtbar gemacht werden durch eine Nachhaltigkeitsprüfung und eine grüne Haushaltsplanung. Die Behörden sollen bei der Planung und Durchführung unterstützt werden, ebenso die Projektträger. Investoren und Projektträger gilt es zusammen zu bringen.[8]

1.3 Bedeutung der Digitalisierung vor allem im Klimapaket „Fit for 55"

Schon für die Verwirklichung des Green Deal hat die Digitalisierung erhebliche Bedeutung. Nach dem dafür dienenden Klimapaket „Fit for 55" gilt es, den digitalen Wandel zusammen mit ökologischem Wandel zu beschleunigen und nutzbar zu machen. Gefordert sind Leitaktionen für die richtige Qualifizierung von Menschen im Hinblick darauf.[9]

1.4 Zwischenfazit

Digitalisierung ist ein Schlüsselfaktor für den Green Deal. Anerkannt ist die Notwendigkeit bedeutender Investitionen in strategische digitale Kapazitäten sowie modernste digitale Technologien in Europa zur Bewältigung klimabezogener Probleme. Die Digitalisierung erscheint bereits als unabdingbare Basis für den Klimaschutz.

2 Fortführung im Clean Industrial Deal

2.1 Ansatz

In Reaktion auf die zunehmenden Schwierigkeiten der EU, mit anderen Mächten wirtschaftlich mitzuhalten, will die EU die Wettbewerbsfähigkeit stärken und hat dies im Clean Industrial Deal näher entwickelt.[10] Der Klimaschutz wird aber gleichgewichtig an die Seite gestellt.

Der Clean Industrial Deal vom 26.02.2025 nimmt zum Ausgangspunkt die Unverzichtbarkeit der industriellen Basis Europas „für unsere Identität und unsere Wettbewerbsfähigkeit".[11] Es wird angeknüpft an das reiche industrielle Erbe und an die bisherige Spitzenposition seit Jahrzehnten, die zugleich auch die Grundlage für

---

[8] Im Überblick: KOM (2020) 21 endg, Abb. 2.

[9] KOM (2021) 550 endg.

[10] Näher *Frenz,* NuR 2025, 75 f. und *Frenz,* Gesamtkommentar Klimaschutzrecht[3] Einf N Rn 1 ff.

[11] KOM (2025) 85 endg, 1.

die Aufrechterhaltung des europäischen Sozialmodells war. Jedoch hat Europa „mit zunehmenden geopolitischen Spannungen, einem langsamen Wirtschaftswachstum und technologischem Wettbewerb zu kämpfen", sodass es einer Strategie für Wettbewerbsfähigkeit und Dekarbonisierung bedarf, und zwar auch, um die Sicherheit aufrechtzuerhalten.[12] Die Wettbewerbsfähigkeit ist also die Basis, um die industrielle Grundlage Europas zu sichern, die ihrerseits wiederum das Fundament für die vertrauten Grundpfeiler des europäischen Modells einschließlich der Sicherheit bildet.
Damit wird angeknüpft an die Schlusserklärungen des Europäischen Rates von 2024, die allerdings in den Eckpunkten teilweise mit etwas anderen Gewichten versehen werden: Während im Europäischen Rat in seinen Schlussfolgerungen vom 17./18.04.2024 mit der Agenda 2024–2029 die Wettbewerbsfähigkeit nahezu ausschließlich dominierte, zeigt sich nun wiederum ein Gleichklang von Wettbewerbsfähigkeit und Klimaschutz.[13] Dieser wird bereits in der Überschrift des Deals für eine saubere Industrie deutlich: ein gemeinsamer Fahrplan für Wettbewerbsfähigkeit und Dekarbonisierung. Die Wettbewerbsfähigkeit steht also nicht allein, sondern wird mit der CO_2-Neutralität verknüpft. Dementsprechend muss nach dem Deal für eine saubere Industrie die EU „unverzüglich und gleichzeitig" drei Herausforderungen angehen, nämlich „die Klimakrise und ihre Folgen, Sorgen um die Wettbewerbsfähigkeit und die wirtschaftliche Resilienz".[14] Damit ist der Klimaschutz in Einklang zu bringen mit den existenziellen Herausforderungen, vor denen die Industrie steht, nämlich „insbesondere … mit hohen Energiepreisen und einem harten globalen Wettbewerb", mit dem zahlreiche Branchen konfrontiert sind, sodass die Gefahr besteht, „beim Produktivitätswachstum von anderen wichtigen Mächten überflügelt zu werden".[15]

2.2 *Stärkere Fokussierung auf Wettbewerbsfähigkeit Dekarbonisierung*

Deshalb verlangt der Deal für eine saubere Industrie für Europa einen auf Transformation ausgerichteten Wirtschaftsplan. Klimaschutz und Wettbewerbsfähigkeit werden daher in eine übergreifende Wachstumsstrategie eingebettet. Dekarbonisierung, Reindustrialisierung und Innovation sind gleichzeitig und auf dem gesamten Kontinent zu beschleunigen, um so die Resilienz Europas zu stärken. Damit werden beide Säulen akzeptiert und unter einem Dach vereinigt. Es geht um groß angelegte klimaneutrale Investitionen in energieintensiven Industrien und saubere Technologien.[16] Auf diese Weise wird das Konzept wieder aufgegriffen, das die EU-Kommission bereits zur Verwirklichung des Green Deals und des Ziels, bis 2030 die CO_2-Emissionen

[12] KOM (2025) 85 endg, 1.
[13] *Frenz,* EWS 2024, 181 ff.
[14] KOM (2025) 85 endg, 1.
[15] KOM (2025) 85 endg, 1.
[16] KOM (2025) 85 endg, 1.

in Europa um 55 % zu reduzieren, in ihrem Klimapaket „Fit for 55“ aufgestellt hat.[17] Darin wurde Wirtschaftswachstum gleichgesetzt mit klimafreundlicher Fortentwicklung. Damit konnte die Wirtschaft nur noch klimafreundlich wachsen und hatte sich damit neu zu erfinden, wodurch die Kommission ein Modell der Nachhaltigkeit für die Zukunft schuf, indem vor allem eine effektive Kreislaufwirtschaft eine hohe Bedeutung hatte.[18]

Zwar ist nunmehr immer noch das klimafreundliche Wachstum elementar. Indes wird dieses eng mit der Steigerung der Wettbewerbsfähigkeit verzahnt. Es bleibt das Ziel der Dekarbonisierung bis 2050. Als Zwischenziel bekräftigt der Clean Industrial Deal das Ziel für 2040, die Nettotreibhausgasemissionen um 90 % zu senken, wie es die EU-Kommission schon am 06.02.2024 vorgeschlagen hat.[19] Genau dieser Rahmen wird zugleich als potenzieller Katalysator gesehen, um die Wettbewerbsfähigkeit zu stärken, bietet er doch sowohl den Unternehmen als auch den Investoren Sicherheit und Berechenbarkeit, weil wettbewerbsfähige Hersteller gefördert werden, indem sie die Dekarbonisierung durch Innovation vorantreiben, hochwertige Arbeitsplätze schaffen und einen Beitrag zu einer offenen strategischen Autonomie leisten. Dabei wird der Grundsatz der Technologieneutralität betont; er soll gegebenenfalls ohne Einschränkung gewahrt bleiben und angewendet werden.[20]

2.3 Konsequenzen für einzelne Branchen

Besonders in den Blickpunkt geraten zum einen energieintensive Industrien, welche dringend bei der Dekarbonisierung und der Elektrifizierung unterstützt werden müssen, so beim Green Deal, der damit weiter der Bezugspunkt bleibt. Weiter geht es um Maßnahmen gegen hohe Energiekosten, unlauteren globalen Wettbewerb und komplexe, die Wettbewerbsfähigkeit einschränkende Vorschriften. Dazu gehört dann auch etwa ein Bürokratieabbau, der in einem eigenen Maßnahmenpaket, gleichfalls vom 26.02.2025, durch die Kommission vorangetrieben wird.

Der zweite in den Blick genommene Sektor ist der der sauberen Technologien, hat dieser doch für die künftige Wettbewerbsfähigkeit eine zentrale Bedeutung, ebenso für den industriellen Wandel, die Kreislaufwirtschaft und die Dekarbonisierung. Zu diesen sauberen Technologien sind vor allem saubere Produktionsverfahren zu rechnen. Nur so können die Klimaneutralitätsziele nach dem Clean Industrial Deal erreicht werden, Emissionen absorbiert und eine resiliente Wasserversorgung gesichert werden. Damit wird das Tor zur CO_2-Sequestration aufgestoßen. Die Technologien

[17] Siehe bereits oben unter Punkt 1.3.

[18] KOM (2025) 85 endg, 1.

[19] IP/24/588.

[20] KOM (2025) 85 endg, 1.

der Zukunft sollen in der EU selbst hergestellt werden können. Auch dies ist Bestandteil der wachsenden Autonomie, die bezogen auf Rohstoffe bereits im Critical Raw Materials Act (CRMA) vorangetrieben wird.[21]

2.4 *Folgen für die Kreislaufwirtschaft*

Als prioritäres Gebiet sieht der Clean Industrial Deal die Kreislaufwirtschaft, ist diese doch unabdingbar, um die begrenzten Ressourcen der EU optimal zu nutzen, um Abhängigkeiten zu verringern und die Resilienz zu stärken. Das Abfallaufkommen wird reduziert, die Produktionskosten werden gesenkt, die CO_2-Emissionen verringert und ein nachhaltigeres Industriemodell für eine bessere Umwelt und eine wettbewerbsfähigere Wirtschaft geschaffen. Mit den einzelnen Maßnahmen des Deals für eine saubere Industrie soll die EU bis 2030 bei der Kreislaufwirtschaft weltweit zum Spitzenreiter werden.[22]

Zugleich soll die Kreislaufwirtschaft mehr als zuvor ein Motor für Innovation sein, wie ausdrücklich gefordert wird: Sie soll den in den Mittelpunkt der Dekarbonisierungsstrategie der EU gestellt werden und dadurch nicht nur die Erschwinglich- und Zugänglichkeit wesentlicher Rohstoffe verbessern, sondern auch Abhängigkeiten verringern, weil Materialien wiederverwendet, wiederaufgebarbeitet und recycelt und länger in der Wirtschaft gehalten werden. Das Kreislaufpotenzial des europäischen Marktes für Wiederaufarbeitung soll prognostisch bis 2030 von aktuell 31 Mrd Euro auf 100 Mrd Euro steigen und so wahrscheinlich 500.000 neue Arbeitsplätze hervorbringen.[23]

Daher soll der Übergang zur Kreislaufwirtschaft durch einen 2026 anzunehmenden Rechtsakt über die Kreislaufwirtschaft beschleunigt werden. Darin geht es um die Ermöglichung des freien Verkehrs von kreislauforientierten Produkten, Sekundärrohstoffen und Abfällen, die Förderung eines höheren Angebotes an recyceltem Material hoher Qualität sowie die Ankurbelung der Nachfrage nach Sekundärrohstoffen und kreislauforientierten Produkten, wogegen die Kosten für Ausgangsstoffe gesenkt werden sollen. In diesem Zuge sollen die geltenden Vorschriften über Elektro- und Elektronikaltgeräte überarbeitet werden, hin zur größeren Einfachheit und Zweckmäßigkeit sowie der besseren Zurückgewinnung der in diesen Materialien enthaltenen kritischen Rohstoffe. Angesprochen wird auch die wichtige Harmonisierung des Endes der Abfalleigenschaft, um den Übergang von Abfällen zu wertvollen Sekundärrohstoffen zu erleichtern. Dafür sollen Kriterien vereinheitlicht werden, ebenso soll die erweiterte Herstellerverantwortung vereinfacht, digitalisiert und

---

[21] VO 2024/1252/EU; VO 168/2012/EU; VO 2018/1724/EU; VO 2019/1020/EU; dazu *Brückner/Marr*, NuR 2024, 793 ff.

[22] KOM (2025) 85 endg, 2.

[23] KOM (2025) 85 endg, 17.

gezielt ausgeweitet werden. Zudem sollen Anreize geschaffen werden, um Metallschrott verstärkt zu verwenden, ebenso für die obligatorische Digitalisierung von Abbruchgenehmigungen und den Abbrucharbeiten vorgeschalteten Audits. Auch durch eine solche Automatisierung und Vereinfachung von Genehmigungsverfahren wird die Kreislaufwirtschaft verbessert. Hier taucht also die Digitalisierung materienspezifisch im Dienste einer besseren Kreislaufwirtschaft und damit des Klimaschutzes auf. Klimaschutz und Digitalisierung befördern sich gegenseitig.

Generell sollen zur Vermeidung fossiler Materialien neue Rohstoffquellen wie recycelte und biobasierte Materialien vorgeschrieben werden, um so etwa neue fossile Primärrohstoffe in Kunststoffen zu ersetzen. Flankierend wird die ÖkodesignVO für nachhaltige Produkte ergänzt. Ein Arbeitsplan sollte im April 2025 angenommen werden.[24]

Sodann nennt die Kommission die notwendige Beseitigung regulatorischer Hindernisse und verbindet diese mit der Erleichterung der erheblichen Aufstockung der Investitionen, die durch eine Zusammenarbeit in den Mitgliedstaaten und interessierten Wirtschaftsakteuren mittels transregionaler Hubs for Circularity (Zentren für die Kreislaufwirtschaft) unterstützt werden soll.[25] Diese Hubs sollen eine zentrale Bedeutung haben, um unterschiedliche regionale Ströme zu bündeln und die Erfahrungen aus den strategischen Projekten im Rahmen des CRMA auf die technischen und biologischen Materialien zu übertragen, welche die Industrie dringend benötigt. Generell betont die Kommission die enge Zusammenarbeit mit allen Interessenträgern durch einen Dialog für eine saubere Industrie zum Thema Kreislaufwirtschaft.

2.5 Weitere Einzelmaßnahmen

Darüber hinaus nennt die EU-Kommission verschiedene einzelne Felder, in denen sie für die Entwicklung eines neuen europäischen industriellen Ökosystems mit Wachstum und Wohlstand die maßgeblichen Ansatzpunkte sieht, um traditionelle Einzellösungen zu überwinden und die gesamte Wertschöpfungskette einzubeziehen. Es geht um:

1. erschwingliche Energie,
2. Leitmärkte,
3. Finanzierung,
4. globale Märkte und internationale Partnerschaften
5. Kompetenzen.

Ergänzend zu diesen Maßnahmen kommen horizontale Erfolgsfaktoren in Gestalt des Bürokratieabbaus, der umfangenden Nutzung der Größe des Binnenmarktes, auch durch eine schrittweise Integration der Kandidatenländer, das Vorantreiben der Digitalisierung, die raschere Einführung von Innovationen, die Förderung hochwertiger

[24] KOM (2025) 85 endg, 18.

[25] KOM (2025) 85 endg, 18.

Arbeitsplätze und bessere Koordinierung der politischen Maßnahmen auf EU-Ebene und auf internationaler Ebene.

Eine wesentliche Bedeutung haben dabei Genehmigungsverfahren, die durch Digitalisierung beschleunigt und zeitlich besser geplant werden sollen. Es geht auch um eine bessere Zugänglichkeit von Daten zur Erleichterung der Entscheidungsfindung. Dies betrifft Datensätze, Geodaten, Daten aus der Kartierung, Emissionsdaten.[26]

2.6 *Zugang zu erschwinglicher Energie*

2.6.1 Ansätze

Einen wesentlichen Bestandteil des Clean Industrial Deal bildet der Zugang zu erschwinglicher Energie, welcher zugleich die Grundlage für die europäische Wettbewerbsfähigkeit ist, ebenso für eine soziale Abfederung der Energiewende, wie sie im Klimapaket „Fit for 55“ einen großen Stellenwert hatte.[27] Eine besondere Belastung aus hohen Energiepreisen erwächst für energieintensive Wirtschaftszweige. Ein Ansatz für Reduzierungen der Energiepreise sind Verringerungen der Abhängigkeit von importierten fossilen Brennstoffen, wie besonders durch die Instrumentalisierung der Gasversorgung als Waffe durch Russland deutlich wurde. Darüber hinaus gilt es strukturelle Ineffizienzen im Stromnetz anzugehen, so durch Digitalisierung einschließlich KI unterstützter intelligenter Netze, einen vollständig integrierten Energiebinnenmarkt zu verwirklichen und bei der Elektrifizierung voranzukommen.[28] Auch hier wird die Digitalisierung materienspezifisch einbezogen. Weiter gilt es den Übergang zu sauberer in der Union erzeugten Energie zu beschleunigen und die Energie effizienter zu nutzen sowie physische Verbindungsleitungen zu vollenden. Im Einzelnen finden sich Maßnahmen im Aktionsplan für erschwingliche Energie ebenfalls vom 26.02.2025, durch den kurzfristig die Energiekosten für Industrie, Unternehmen und Haushalte gesenkt sowie zugleich die notwendigen Strukturreformen beschleunigt werden.[29] Es geht vor allem um drei Leitinitiativen:

- Senkung der Energiekosten,
- Beschleunigung des Ausbaus sauberer Energien und
- der Elektrifizierung durch die Fertigstellung von Verbindungsleitungen und Netzen sowie umweltfreundliche Fertigung sowie schließlich die Gewährleistung gut funktionierender Gasmärkte.

[26] KOM (2025) 85 endg, 6.

[27] KOM (2021) 550 endg, 6; sowie näher *Frenz,* Gesamtkommentar Klimaschutzrecht[3] Einf. A Rn 88 ff.

[28] KOM (2025) 85 endg, 3.

[29] KOM (2025) 79 endg.

2.6.2 Besserer Ökostromausbau

Den Schwerpunkt bildet allerdings dann ein Pilotprogramm für Strombezugsverträge auf Unternehmensebene. Der Ausbau erneuerbarer Energien soll durch die Vereinfachung der Vorschriften über staatliche Beihilfen bis Juni 2025 beschleunigt werden, ebenso die Dekarbonisierung; zudem geht es um ausreichende Kapazitäten für die Herstellung sauberer Technologien in Europa. Dadurch sollen private Investitionen angereizt werden. Dieser neue Rahmen soll einen grundlegenden Beitrag zur Vereinfachung der Vorschriften über staatliche Beihilfen leisten und vor allem eine rasche Genehmigung gewährleisten.[30]

Sodann sind diverse Maßnahmen vorgesehen, um den Ausbau sauberer Energien unter sauberer Fertigung selbst zu beschleunigen. Die Genehmigungsfristen für den Netzausbau, die Energiespeicherung und Projekte im Bereich erneuerbaren Energien gilt es zu verkürzen. Angeknüpft werden soll dabei an die positiven Auswirkungen der strafferen Genehmigungsvorschriften der neuen Erneuerbaren Energien-RL (RED III), die allerdings zunächst nur von sieben Mitgliedstaaten vollständig umgesetzt wurden. Dieses Mal will die Kommission den Mitgliedstaaten sofort abrufbare Unterstützungen der Umsetzung und der Anwendung der bestehenden Energiegenehmigungsvorschriften anbieten und dabei bewährte Verfahren und Empfehlungen teilen sowie einen Dialog anstoßen, um Energiegenehmigungen umzusetzen.[31] Insoweit könnten Digitalisierung und KI eine wichtige Rolle spielen – vergleichbar zur obligatorischen Digitalisierung von Abbruchgenehmigungen.[32] Das Ideal ist eine rasche Genehmigung mithilfe von KI auf der Basis digitaler Unternehmensvorgaben und notwendiger Gutachten. Darauf sollte die weitere Entwicklung zielen.

2.6.3 Gas als Hauptfaktor für den Preis

Trotz des geplanten beschleunigten Ausbaus sauberer Energien wird Erdgas in den kommenden Jahren als generell der wichtigste den Preis bestimmende Faktor für Strom angesehen, sodass die Kommission die Mitgliedstaaten bei der Gestaltung staatlicher Beihilfemaßnahmen unterstützen will – sie genehmigte am 16.04.2026 den deutschen Industriestrompreis auf der Basis des CID-Beihilferahmens vom 25.06.2025 – und gut funktionierende bedarfsgerechte Gasmärkte sichern will, indem Preisschwankungen für importiertes Gas und Spekulationen eingedämmt werden.[33] Es wird eine Gasmarkt-Taskforce eingerichtet, um die EU-Erdgasmärkte umfassend zu prüfen. Auch für die Gasversorgung notwendige Kraftwerke gilt es rasch zu genehmigen – am besten mithilfe von KI. Dieser Ansatz sollte noch aufgenommen werden.

---

[30] KOM (2025) 85 endg, 4, 14 f.

[31] KOM (2025) 85 endg, 6.

[32] Siehe oben unter Punkt 2.44.

[33] KOM (2025) 85 endg, 5 ff., auch für das Folgende.

2.6.4 Bedeutung der Digitalisierung

Über die Einbeziehung bei Genehmigungen hinaus haben Digitalisierung und KI gerade für den Zugang zu erschwinglicher Energie und deren Verteilung eine besondere Bedeutung, nämlich durch:

- KI-gestützte intelligente Netze,
- Energieüberwachung auf der Basis des Internets der Dinge (internet of things),
- Unterstützung des Echtzeit-Netzmanagements,
- Verbesserung der nachfrageseitigen Flexibilität,
- Ermöglichung der vorausschauenden Wartung kritischer Infrastrukturen.[34]

Ziel ist ein europäisches Netzpaket auch zur Vorantreibung von Digitalisierung und Innovationen.[35] Gerade im Energiebereich hat damit die Digitalisierung eine wesentliche Bedeutung und zeigt die gegenseitige Bedingtheit und Verschränkung mit einer besseren Energieversorgung sowie einer Stärkung der EU-Wettbewerbsfähigkeit, wie sie der Clean Industrial Deal erreichen will.

2.7 Förderung eines sauberen Angebotes und einer sauberen Nachfrage: Leitmärkte

Ein wichtiger Bestandteil ist die Schaffung von Leitmärkten für saubere Technologien und Produkte aus Europa, damit sich die EU als globaler Spitzenreiter bei der Energiewende besser positionieren kann, sie in sauberen Sektoren wettbewerbsfähiger wird und Garantien für eine nachhaltige Fertigung sauberer Produkte sowie für die Beschäftigung bietet.

Ein wesentlicher Ansatzpunkt, um ein sauberes Angebot durch konkrete Maßnahmen auf der Nachfrageseite zu befördern, bildet das Vergaberecht. Zunächst werden mit dem Rechtsakt zur beschleunigten Dekarbonisierung der Industrie Resilienz- und Nachhaltigkeitskriterien zur Förderung einer sauberen Versorgung energieintensiver Sektoren mit Energie aus Europa eingeführt. Dies bildet aber nur ein kurzfristiges Signal. Die Kommission will nämlich 2026 einen Vorschlag zur Überarbeitung des Rahmens für die Vergabe öffentlicher Aufträge vorlegen und dabei Kriterien festlegen, die nicht preisbezogen, sondern inhaltsbezogen sind.

Damit wird ein klarer Zusammenhang zwischen Anreizen zur Dekarbonisierung und den Bemühungen der Industrie in Sachen Kreislaufwirtschaft hergestellt.[36] Es geht um eine Produktkennzeichnung für Industrieerzeugnisse, um deren Dekarbonisierungsanstrengungen zu zeigen und die gewinnbringende Verwertung zu ermöglichen. Diese Kennzeichnung soll mit der Vergabe öffentlicher Aufträge verknüpft

---

[34] KOM (2025) 85 endg, 3.

[35] KOM (2025) 85 endg, 5.

[36] KOM (2025) 85 endg, 9.

werden. Zudem ist eine freiwillige Kennzeichnung für die CO_2-Intensität von Industrieerzeugnissen vorgesehen. Schließlich sollen umfassende Lebenszyklusanalysen fortentwickelt werden und mit der im Rechtsakt zur beschleunigten Dekarbonisierung der Industrie vorgesehenen Kennzeichnung vernetzt werden, sodass die Verbraucher besser den CO_2-Fußabdruck relevanter Produkte ersehen können. In diesem Bereich können die KI-Lebenszyklusanalysen erheblich leichtern.

2.8 Öffentliche und private Investitionen

Für die vorstehend aufgezeigte Umstellung der Wirtschaft sind umfangreiche Investitionen notwendig. Im Raum steht eine Erhöhung der jährlichen Investitionen in Energie, industrielle Innovationen und deren Ausbau sowie in das Verkehrssystem gegenüber dem vorangegangenen Jahrzehnt um rund 480 Mrd. Euro. Dafür gilt es vor allem privates Kapital zu mobilisieren, wozu anreizende Grundlagen durch einen Innovationsfonds auf EU-Ebene geschaffen werden sollen.[37] Entscheidend ist dabei ein neuer Rahmen für staatliche Beihilfen für den Deal sauberer Industrie, um notwendige und verhältnismäßige staatliche Beihilfen zu ermöglichen, die dann private Investitionen nach sich ziehen. Dazu gehört vor allem ein längerer Planungshorizont von fünf Jahren für die Mitgliedstaaten. Auf der Basis des am 25.06.2025 von der Kommission angenommenen CID-Beihilferahmens wurde nunmehr am 16.04.2026 der deutsche Industriestrompreis genehmigt (o. 2.6.3). Zudem geht es um vereinfachte und flexible Vorschriften, welche eine rasche Genehmigung vor allem für Produkte zur Dekarbonisierung und für Projekte im Bereich der sauberen Technologien ermöglichen.[38] Dabei gilt es umfassend die KI einzubeziehen.

2.9 Fazit

Der Clean Industrial Deal sorgt für eine weitere Stärkung der EU-Wettbewerbsfähigkeit, ohne die Dekarbonisierung außer Acht zu lassen. Vielmehr sorgt er für eine Versöhnung von Klimaschutz und wirtschaftlichen Bedürfnissen. Das Gleichgewicht steht im Vordergrund. So sollen energieintensive Branchen entlastet werden – wie nunmehr durch den am 16.04.2026 von der Kommission genehmigten Industriestrompreis – und die sauberen Energien und damit der Ökostrom ausgebaut werden. Die Kreislaufwirtschaft wird entscheidend gestärkt und so die Produktion in Bahnen gelenkt, in denen verstärkt Sekundärrohstoffe eingesetzt werden können. Dabei spielen die Digitalisierung und die KI eine wesentliche Rolle, so bei Genehmigungen, Lebenszyklusanalysen, in Energienetzen und für das Energienetzmanagement.

---

[37] KOM (2025) 85 endg, 11 ff.

[38] KOM (2025) 85 endg,14 f.

Insgesamt geht es um eine nachhaltige Zukunft für das verarbeitende Gewerbe – wirtschaftlich, ökologisch und sozial.[39] Digitalisierung ist im Clean Industrial Deal gegenüber dem Green Deal wesentlich bedeutender geworden und bildet einen Schlüsselfaktor für die Steigerung der Wettbewerbsfähigkeit wie weiterhin für die Dekarbonisierung.

3 Allgemeine Verbindung zur Digitalisierung und zu den sie prägenden Vorschriften

3.1 Einleitung

Die Digitalisierung und umfassende Nutzung von Daten bietet sowohl für den Klimaschutz als auch für die Steigerung der Wettbewerbsfähigkeit eine wichtige Grundlagenfunktion durch die Möglichkeit präziserer Vorhersagen und Messungen sowie effizienterer Produktionen. Hierfür bedarf es oft der Nutzung von Plattformen, einer Cloud oder der Einschaltung anderer Unternehmen, die etwa auf das eigene Unternehmen abgestimmte Softwarelösungen erarbeiten. Dadurch erfolgt ein intensiver Datenaustausch zwischen Unternehmen. Dieser Datenaustausch befindet sich jedoch nicht im rechtsfreien Raum, sondern es ergeben sich aufgrund der zunehmenden Relevanz diverse Fragestellungen. Wer darf welche Daten wann nutzen und geht dieses Nutzungsrecht etwa durch eine Verarbeitung von Daten oder schon durch eine andere Konfigurierung über? Wer ist Urheber von generierten Daten, beispielsweise auch von KI? Wer ist für die Sicherheit der Daten verantwortlich?[40]

3.2 Wettbewerbsrecht

3.2.1 Zugangsansprüche

Im Ansatz ist vor allem das Wettbewerbsrecht bedeutsam, indem es in begrenztem Maße Kooperationen selbst von Konkurrenten erlaubt, um die Digitalisierung durch verbesserte oder gar neue Produkte und Dienstleistungen voranzubringen, wenn eine andere erfolgreiche Möglichkeit nicht besteht und die dabei entstehenden Vorteile an die Kundschaft weitergegeben werden. Zudem gewährt es Zugangsansprüche gegenüber Monopolisten etwa für Softwarenutzungen und Clouds. Es begrenzt

---

[39] KOM (2025) 85 endg, 29.

[40] Näher zum Ganzen *Frenz,* Handbuch Rohstoffwirtschaft, S. 385 ff.

die Möglichkeiten eines Marktbeherrschers zur umfassenden Verarbeitung und Nutzung personenbezogener Daten auf der Basis von Nutzungsbedingungen („Konditionenmissbrauch"), wie das Bundeskartellamt schon am 07.02.2019 zulasten von Facebook entschied.[41]

Dieses nationale Missbrauchsverbot wurde im Zuge der jüngsten, deutschen GWB-Reform eigens auf die Vorenthaltung für die wirtschaftliche Entwicklung benötigter Daten ausgeweitet. Nach § 19 Abs 2 Nr 4 GWB liegt ein Missbrauch insbesondere vor, wenn ein marktbeherrschendes bzw. -mächtiges Unternehmen als Anbieter oder Nachfrager einer bestimmten Art von Waren oder gewerblichen Leistungen sich weigert, ein anderes Unternehmen gegen angemessenes Entgelt mit einer solchen Ware oder gewerblichen Leistung zu beliefern, insbesondere ihm Zugang zu Daten, zu Netzen oder anderen Infrastruktureinrichtungen zu gewähren, und die Belieferung oder die Gewährung des Zugangs objektiv notwendig ist, um auf einem vor- oder nachgelagerten Markt tätig zu sein und die Weigerung den wirksamen Wettbewerb auf diesem Markt auszuschalten droht, es sei denn, die Weigerung ist sachlich gerechtfertigt.

§ 20 Abs 1a GWB erweitert dieses Verbot auf Unternehmen mit Datenmarktmacht, auch wenn keine marktbeherrschende bzw. -mächtige Stellung vorliegt, sofern ein Unternehmen für die eigene Tätigkeit auf den Zugang zu Daten angewiesen ist, die von einem anderen Unternehmen kontrolliert werden. Die Verweigerung des Zugangs zu solchen Daten gegen angemessenes Entgelt kann danach eine unbillige Behinderung nach § 20 Abs 1 iVm § 19 Abs 2 Nr 1 GWB darstellen, und zwar auch dann, wenn ein Geschäftsverkehr für diese Daten bislang nicht eröffnet ist, also eine erstmalige Belieferung durch Dritte stattfindet.[42]

3.2.2 Gegen Marktmissbrauch

Diese Regelungen betreffen weniger örtliche oder auch überregional tätige Dienstleister als vielmehr die großen Anbieter von Softwareplattformen und Clouds. Das Unionsrecht sorgte auf der Basis von Art 102 AEUV für eine Öffnung gegenüber Monopolisten. So musste Microsoft sein Betriebssystem anderen Unternehmen öffnen, wenngleich gegen ein angemessenes Entgelt.[43]

Diese bekannte Microsoft-Entscheidung ist auf der Linie der Rechtsprechung des EuGH, dass Zugang zu Plattformen bestehen muss, um eigene Entwicklungen voranzubringen. Diese Rechtsprechung soll sicherstellen, dass zugunsten von Wettbewerbenden unabdingbare Instrumente zur Verfügung stehen müssen, damit diese dann ihre Entwicklungen zugunsten der Verbraucher voranbringen können. So muss

---

[41] BKartA, Pressemitteilung, 07.02.2019 <https://www.bundeskartellamt.de/SharedDocs/Meldung/DE/Pressemitteilungen/2019/07_02_2019_Facebook.html>; Fallbericht vom 15.02.2019 – B6-22/16 – Konditionenmissbrauch gemäß § 19 Abs. 1 GWB wegen unangemessener Datenverarbeitung.

[42] RegE BT-Drs. 12/23492, S. 81; *Paal/Kumkar,* NJW 2021, 814.

[43] EuG 17.09.2007 Rs T-201/04 (Microsoft I) ECLI:EU:T:2007:289; EuG 27.06.2012 Rs T-167/08 (Microsoft II) ECLI:EU:T:2012:323; zum Ganzen *Frenz,* Handbuch Europarecht[2] Rn 2068 ff.

vor allem zu sehr innovativen Produkten ein Zugang bestehen. Dabei müssen dann die beherrschenden Unternehmen beweisen, dass eventuelle Restriktionen für die Steigerung der Wettbewerbsfähigkeit erforderlich sind.[44] Dabei ist auch zu prüfen, inwieweit eine Komplementärfunktion eine Marktmacht begründen kann. Beispiel dafür war die Stärkung der Marktmacht von Google durch die Bevorzugung des eigenen Suchservice.[45] Generell bildet eine Technologieführerschaft ein wichtiges Kriterium für eine Marktbeherrschung.[46]

Allerdings ist gerade in Bereichen, die sich im Umbruch befinden, wie dies etwa bei der Digitalisierung und KI zutrifft, der Markt, welcher für eine marktbeherrschende Stellung der Ausgangspunkt der Beurteilung ist, oft sehr schwer abgrenzbar. Schließlich wechseln mit neuen Modellen oft die Märkte und vor allem die Technologieführerschaften, wenn insoweit noch ein hoher Innovationsgrad vorliegt und die Innovationszyklen sehr kurz sind.[47] Dadurch kann sich sehr rasch auch die beherrschende Stellung ändern. Darum ist hier jeweils zu prüfen, wo die Marktführerschaft liegt und inwieweit hier dann entsprechende Änderungen im Wettbewerb stattfinden können. Das gilt zumal dann, wenn sich wie im Bereich der KI-Marktmodelle rasch ändern und eine zügige Konsolidierung um einen einzigen Player herum stattfinden kann. Angesichts kleiner Margen im Bereich der KI können sich hier sehr rasch Veränderungen abspielen und neue starke Unternehmen entstehen. Insoweit ist dann auch näher zu prüfen, inwieweit etwa der Ausschluss von Informationen Wettbewerber schwächt.[48]

3.2.3 Digital Markets Act: Zugang zu zentralen Plattformdiensten von Gatekeepern

Die EU hat zur Sicherung der Zugänge den Digital Markets Act (VO 2022/1925/EU) erlassen. Er legt klare Kriterien für einen Gatekeeper-Status fest und wie anderen Unternehmen zu diesen großen Plattformen Zugang gewährt werden muss. Näheres ergibt sich vor allem aus Art 5 Abs 5 sowie Art 6 Abs 4 und Abs 6 DMA, die insbesondere einen Zugang zu zentralen Plattformdiensten und Betriebssystemen mit unterschiedlichen Nutzungsmöglichkeiten gewährleisten. Zu den zentralen Plattformdiensten gehören u. a. Online-Vermittlungsdienste, Online-Suchmaschinen, Online-Dienste sozialer Netzwerke, Betriebssysteme, Webbrowser, virtuelle Assistenten oder Cloud-Computing-Dienste. Zu den großen Gatekeepern gehören derzeit Alphabet, Amazon, Apple, ByteDance, Meta und Microsoft. Durch die raschen Entwicklungen in der Digitalwirtschaft können diese Liste sowie auch die damit einhergehenden Pflichten angepasst werden. Dazu führt die Kommission regelmäßig Marktuntersuchungen durch. Diese Einbeziehungen in den DMA werden von den

---

[44] EuG 27.09.2006 Rs T-168/01 (GlaxoSmithKline) ECLI:EU:T:2006:265 Rn 152.

[45] EuG 14.09.2022 Rs T-604/18 (Google Android) ECLI:EU:T:2022:541 Rn 892.

[46] EuGH 13.02.1979 Rs C-85/76 (Hoffmann-La Roche) ECLI:EU:C:1979:36 Rn 48.

[47] EuG 11.12.2013 Rs T-79/12 (Cisco) ECLI:EU:T:2013:635 Rn 69.

[48] EuG 27.09.2023 Rs 367/23 R (Amazon) ECLI:EU:T:2023:589.

Unternehmen oft kritisch gesehen. Apple wehrt sich beispielsweise gegen die Einbeziehung seines App-Stores, weil dies bedeuten würde, dass auch andere App-Stores auf Apple-Geräten zum Einsatz kommen könnten.[49] Das chinesische Unternehmen Bytedance hatte gegen die entsprechende Einstufung von Tiktok geklagt, was bereits vom EuG abgewiesen wurde.[50]

3.2.4 Offene Standardsetzung

Die wettbewerbsrechtlichen Zugangsansprüche dürfen nicht infolge der Setzung von Standards durch private Verbände zunichtegemacht werden. Auch Unternehmensvereinigungen, in denen vielfach Regelwerke für technische Neuerungen erarbeitet werden, unterliegen dem Kartellverbot und müssen daher so agieren, dass nicht etwa die Belange einzelner Unternehmen gegenüber denen anderer Unternehmen ins Hintertreffen geraten. Eine solche Benachteiligung kann nämlich dazu führen, dass innovative Unternehmen ihre Produkte am Markt nicht platzieren können.

Dementsprechend müssen Standards so offen gestaltet werden, dass auch neue Entwicklungen marktfähig sind. Darauf beruht die Digitalisierung wesentlich. Da sie sehr innovativ ist, haben ggf. kleine und bislang wenig im Vordergrund stehende Unternehmen Ideen und Entwicklungen, die möglicherweise den bisherigen Platzhirschen missfallen. Letztere dürfen daher Normungsausschüsse nicht derart beherrschen, dass die Standards nur auf ihre Erzeugnisse zugeschnitten sind und damit innovative Ideen am Markt überhaupt keine Chance haben.[51]

Die Offenheit von Standards spielt eine wichtige Rolle auch bei den Grundfreiheiten. Über sie werden staatliche Verhaltensweisen verboten. Die private Verbandsarbeit etwa zur Normung wird daher nur insoweit erfasst, als sie staatlich eingesetzt und gelenkt wird. Bestehen Entscheidungsspielräume und billigt der Staat nur die Arbeit etwa eines privaten Normungsausschusses, findet das Wettbewerbsrecht auch auf das staatliche Verhalten Anwendung.[52]

3.3 Die europäische Datenstrategie

3.3.1 Entwicklung

Der Zugang zu Daten und die Möglichkeit ihrer Nutzung ist auf EU-Ebene schon länger als für Innovation und Wachstum ausschlaggebend fest anerkannt worden. Das Ziel der Europäischen Datenstrategie ist die Entwicklung eines Binnenmarkts für Daten, der eine EU-weite und branchenübergreifende Datenweitergabe zum Nutzen

[49] EuG 24.02.2025 Rs T-1080/23 (Apple/Kommission).

[50] EuG 17.07.2024 Rs T-1077/23 (Bytedance/ Kommission) ECLI:EU:T:2024:94.

[51] *Frenz,* N&R 2017, 258.

[52] EuGH 04.09.2014 Rs C-184/13 (API) ECLI:EU:C:2014:2147.

von Unternehmen, Forschenden und öffentlichen Verwaltungen ermöglicht. Der zu schaffende Binnenmarkt für Daten soll dafür sorgen, dass Daten innerhalb der EU zum Vorteil aller weitergegeben werden können; europäische Vorschriften, insbesondere zum Schutz der Privatsphäre und zum Datenschutz, sowie das – vorstehend aufgezeigte – Wettbewerbsrecht sollen in vollem Umfang eingehalten werden, wobei außerdem die Regeln für Datenzugang und Datennutzung gerecht, praktikabel und eindeutig sein sollen.[53]

Auch mit dem EU-Ausland wird an Maßnahmen für den grenzüberschreitenden Datenaustausch gearbeitet. Im August 2024 wurden dazu beispielsweise Gespräche mit China aufgenommen.[54] Die Notwendigkeit ergab sich zuletzt daraus, dass sich europäische Unternehmen in China zunehmend mit Unsicherheiten und Schwierigkeiten beim Export von Daten aus China konfrontiert sahen. Diese Unsicherheiten führten zu schwindendem Vertrauen europäischer Investoren dort.

Zur Konkretisierung wurden in mehreren Schritten Rechtsakte erlassen bzw. zunächst durch Leitlinien Richtungen vorgegeben, während Data Governance Act und Data Act nun als erlassene Rechtsakte konkrete Vorgaben für den Umgang mit Daten enthalten.[55] Die Vorteile sollen dabei für Unternehmen in der Förderung von Wachstum, Einführung von Innovationen und Konkurrenz unter fairen Bedingungen liegen.[56]

3.3.2 Data Governance Act (DGA)

Der mittlerweile erlassene Data Governance Act soll als erster Rechtsakt im Rahmen der europäischen Datenstrategie die Einrichtung und Entwicklung gemeinsamer europäischer Datenräume in strategischen Bereichen unterstützen.[57] Dabei sollen private und öffentliche Akteure einbezogen werden. Beispielsweise wird die Industrie durch ein gutes Datenmanagement in die Lage versetzt, innovative Produkte und Dienstleistungen zu entwickeln, wodurch viele Wirtschaftszweige effizienter und nachhaltiger werden können. Es handelt sich beim Data Governance Act um eine Verordnung, die gemäß ihrem Art 38 15 Monate nach ihrem Inkrafttreten, also seit dem 24.09.2023 Anwendung findet.

Eine größere Verfügbarkeit von Daten führt laut EU-Kommission dazu, dass der öffentliche Sektor bessere Strategien für transparente Governance und effizientere

---

53 Zum Wettbewerbsrecht siehe 3.2; Europäische Kommission, Eine europäische Datenstrategie, 15.12.2025 <https://commission.europa.eu/strategy-and-policy/priorities-2019-2024/europe-fit-digital-age/european-data-strategy_de#ein-binnenmarkt-f%C3%BCr->.

54 Pressemitteilung der EU-Kommission, 28.08.2024 <https://germany.representation.ec.europa.eu/news/eu-und-china-starten-neuen-mechanismus-fur-den-grenzuberschreitenden-datenaustausch-2024-08-28_de>, auch zum Folgenden.

55 KOM (2020) 66 endg.

56 Europäische Kommission, Gestaltung der digitalen Zukunft Europas, 01.10.2025 <https://commission.europa.eu/strategy-and-policy/priorities-2019-2024/europe-fit-digital-age/shaping-europes-digital-future_de>, auch zum Folgenden.

57 VO 2022/868/EU oder Data-Governance-Rechtsakt.

öffentliche Dienste entwickeln kann.[58] So bietet auch die entsprechende Sammlung von Mobilitätsdaten, Umweltdaten, landwirtschaftlichen Daten und Daten der öffentlichen Verwaltung Vorteile in den jeweiligen Bereichen. Dabei dient gerade die Zugänglichkeit etwa zu Geo- und Emissionsdaten der Erleichterung der Entscheidungsfindung und der Beschleunigung von Genehmigungsverfahren, wie es Ziel des Clean Industrial Deal ist.[59]

Die wesentlichen vier Regelungsschwerpunkte der Verordnung, für die materielle sowie formelle Handlungsbedingungen und ein entsprechender behördlicher Aufsichtsrahmen bestimmt werden, sind: die Weiterverwendung von geschützten Daten im „Besitz" öffentlicher Stellen, Datenvermittlungsdienste, Datenaltruismus sowie die Schaffung eines Europäischen Dateninnovationsrates.[60]

Die erfassten Themengebiete des DGA sind sehr vielfältig. Daher wird der Anwendungsbereich in Art 1 umfangreich beschränkt. So soll durch den DGA keine Verpflichtung für öffentliche Stellen begründet werden, die Weiterverwendung von Daten zu erlauben. Diese Zugangsrechte sollen weiter durch nationales Recht definiert werden (in Deutschland etwa durch § 12a EGovG oder das IFG).[61] Auch sollen die europäischen Regelungen der Datenschutz-Grundverordnung (DS-GVO) und ePrivacy-RL dem DGA vorgehen.[62]

Trotzdem legt der DGA den grundsätzlich teilungsbereiten öffentlichen Stellen, Datenvermittlungsdiensten und datenaltruistischen Organisationen viele zusätzliche Pflichten auf, die zunächst nicht unbedingt zur Vereinfachung der Prozesse beitragen.[63] Damit wird der Zweck, Daten zugänglich zu machen, gerade konterkariert – im Widerspruch zur hohen Bedeutung der Digitalisierung im Rahmen des Clean Industrial Deal sowie tiefer gehend zur Steigerung der EU-Wettbewerbsfähigkeit.

3.3.3 Data Act

Als weitere Regelung im Rahmen der Datenstrategie wurde der europäische Data Act erlassen, der gemäß seinem Art 50 ab dem 12.09.2025 EU-weit unmittelbar anzuwenden ist.[64] Im Unterschied zum DGA soll durch ihn geklärt werden, wer unter welchen Bedingungen Wert aus bestimmten Daten schöpfen kann. So enthält die Verordnung auch detaillierte Regelungen zu vertraglichen Gestaltungsmöglichkeiten und -grenzen, insbesondere gegenüber KMU.[65]

Der Data Act enthält konkrete Vorschriften hinsichtlich der Datenweitergabe von Unternehmen an Verbraucher (B2C) und zwischen Unternehmen (B2B), der Pflichten

[58] VO 2022/868/EU.

[59] Siehe bereits Punkt 2.5.

[60] Ausführlich dazu *Tolks,* MMR 2022, 445 ff.

[61] *Tolks,* MMR 2022, 444.

[62] VO 2016/679/EU; RL 2002/58/EG.

[63] *Tolks,* MMR 2022, 448 f., auch zum Folgenden.

[64] VO 2023/2854/EU.

[65] *Tolks,* MMR 2022, 449.

der Dateninhaber, die nach dem Recht der EU verpflichtet sind, Daten bereitzustellen (inkl. Entgeltregelungen im B2B-Bereich), des Verbots missbräuchlicher Vertragsklauseln für den Datenzugang und die Datennutzung zwischen Unternehmen (B2B), der Bereitstellung von Daten für öffentliche Stellen wegen außergewöhnlicher Notwendigkeit (B2G) und vertraglicher Regelungen und der technischen Umsetzung beim Wechsel zwischen Datenverarbeitungsdiensten („Cloud Switching").[66]

Vor allem regeln Art 5 ff. Data Act die Weitergabe und Nutzung von Daten durch Dritte. Diese dürfen Daten nur unter den mit dem Nutzer vereinbarten Bedingungen verarbeiten. Die Bedingungen der Datenbereitstellung durch die Dateninhaber ergeben sich aus Art 8 f. Data Act. Damit kommt es weiterhin darauf an, wer Dateninhaber ist, so wenn Entwicklungen auf der Basis von anderen Unternehmen vorgenommen werden: daher bleibt die Frage aktuell, wem dann die Daten gehören. Sind dann die zur Verfügung gestellten Unternehmensdaten gleichsam das Rohmaterial, das in der Sampling-Entscheidung die verwendeten Tonsequenzen für das neue Musikstück bildeten?[67] Nur profitiert hier womöglich das Softwareunternehmen, welches die betriebliche Digitalisierungsstrategie entwickelt hat.

Der EuGH entschied nur zur Frage der Nutzung eines fremden Werkes für eine eigene Musikproduktion. Das ist möglich, wenn das alte Werk nicht mehr wiedererkennbar ist, mithin stark genug umgestaltet wurde. Bei der Digitalisierung würde dies voraussetzen, dass die herangezogene Plattform bzw. Software in der betrieblichen Ausgestaltung nicht mehr wiedererkennbar ist. Dann wurde auch ein neues Werk geschaffen. Die Daten gehören daher dem, der diese betriebliche Lösung entwickelt hat. War dies allerdings das Softwareunternehmen, bestätigt der EuGH mit seiner Sampling-Entscheidung, dass dann dieses Unternehmen zumindest das Verfügungsrecht über die entwickelte Anwendungslösung hat.[68] Will dies ein Unternehmen verhindern, für welches eine solche betriebliche Lösung entwickelt wurde, muss es eine abweichende vertragliche Vereinbarung treffen. Das gilt zumal nach dem neusten EuGH-Urteil vom 14.04.2026, das spezifisch auf Kunstwerke bezogen ist und deren erkennbare – nicht versteckte – Nachahmung bei einer künstlerischen Auseinandersetzung mit dem Vorbild auf der Grundlage der neuen Pastiche-Regelung im EU-Urheberrecht (Art. 17 Abs. 7 lit. b) DSM) gestattet (EuGH 14.04.2026 Rs. C-590/23 (Pelham (Notion de „pastiche")) ECLI:EU:C:2026:290).

Im Data Act wird nun die Möglichkeit gesehen, ein neues datenagiles System zu schaffen, das einen einfachen Zugang zu einer nahezu unendlichen Menge an qualitativ hochwertigen Daten ermöglicht. Diese Daten, z. B. über die Funktionsweise von Industrieanlagen, können Betriebsstätten helfen, Betriebszyklen, Produktionslinien oder das Lieferkettenmanagement zu optimieren. Damit soll der Data Act

66 Bundesministerium für Digitales und Verkehr, EU verabschiedet Data Act, 17.03.2025 <https://bmdv.bund.de/DE/Themen/Digitales/Digitale-Gesellschaft/EU-Data-Act/eu-data-act.html>.

67 EuGH 29.07.2019 Rs C-476/17 (Pelham u. a.) ECLI:EU:C:2019:624 sowie nunmehr EuGH 14.04.2026 Rs. C-590/23 (Pelham (Notion de „pastiche")) ECLI:EU:C:2026:290.

68 EuGH 29.07.2019 Rs C-476/17 (Pelham u. a.) Rn 84.

wie nunmehr der Clean Industrial Deal auch zur Förderung von Innovation und Wettbewerbsfähigkeit beitragen.[69]

Besonders erfasst vom Data Act sind vernetzte Geräte des „Internet of things", die nach dem Clean Industrial Deal eine besondere Bedeutung für die Energieüberwachung haben.[70] Diese generieren kontinuierlich Daten – der Data Act verschafft den Nutzenden der Geräte Zugang zu den Daten. Das kann entweder über das bereits so gestaltete Produkt oder über einen Anspruch auf den Datenzugang gegenüber dem Dateninhabenden ausgestaltet sein. Außerdem werden Dateninhabende verpflichtet, die Daten öffentlichen Stellen zur Erfüllung ihrer rechtlichen Aufgaben im öffentlichen Interesse bei einer außergewöhnlichen Notwendigkeit zur Verfügung zu stellen. Dies könnte z. B. bei Naturkatastrophen, Terroranschlägen oder Pandemien in Betracht kommen und die Energieüberwachung sowie tiefergehend die Energieversorgung absichern.[71]

Insgesamt sind die Regelungen sehr kompliziert formuliert. Um den für die eminent wichtige und daher zu fördernde Digitalisierung unabdingbaren Datenfluss zu verbessern und keine prohibitiven Wirkungen zu erzeugen gilt es, die Regelungen erheblich zu vereinfachen und auf das Notwendigste zu beschränken – entsprechend dem generell geplanten Bürokratieabbau.[72]

3.4 Cyberangriffe

Private Unternehmen sind selbst verpflichtet, für ihre Sicherheit zur Abwehr von Cyberangriffen zu sorgen. Auf EU-Ebene sind entsprechend den Planungen von EU-Kommissionspräsidentin von der Leyen Maßnahmen zur Cybersicherheit avisiert; in Deutschland wurde das IT-Sicherheitsgesetz verschärft.[73] Das Strafrecht ist zwar tendenziell eine verbliebene klassische Materie der Mitgliedstaaten. Allerdings ist gerade die Cyberkriminalität grenzüberschreitend ausgeprägt. Daher sind Maßnahmen auf EU-Ebene besonders vielversprechend. Das gilt zum einen für die Zusammenarbeit der Justiz- und der Strafverfolgungsbehörden sowie die Einschaltung von Europol. Zum anderen sind unionsweit einheitliche Strafandrohungen angezeigt. Für Straftaten und Strafen in Bereichen besonders schwerer Kriminalität können nach Art 83 AEUV durch Richtlinien europaweite Mindeststandards vorgegeben werden. Dazu gehören auch die Cyberkriminalität und die organisierte Kriminalität als Regelbeispiele, die durch einstimmigen Ratsbeschluss erweitert werden können (dynamische Blankettermächtigung nach Art 83 Abs 1 UAbs 3 AEUV).[74]

---

[69] Europäisches Parlament, Datengesetz: Neue Regeln für besseren Zugang und bessere Nutzung von Daten, 20231106IPR09025.

[70] Siehe oben 2.6.4.

[71] *Tolks,* MMR 2022, 449.

[72] Siehe bereits Punkt 2.4.

[73] Zweites Gesetz zur Erhöhung der Sicherheit informationstechnischer Systeme vom 18.05.2021.

[74] Siehe Punkt 2.6.4.

3.5 *Künstliche Intelligenz*

3.5.1 Allgemeines

Durch die Digitalisierung hat auch die Anwendung Künstlicher Intelligenz (KI) Vorschub bekommen. Es gibt unzählige Möglichkeiten, KI und KI-Systeme in betrieblichen Abläufen einzusetzen, um Prozesse effizienter und intelligenter zu gestalten. Dies zeigt sich im Clean Industrial Deal vor allem in Energiebereich.[75] Als Kehrseite der Medaille kann es durch diese Anwendungen zu enormen Einflüssen auf die Privatsphäre und die Datensicherheit kommen.

Diese Einflüsse gilt es, durch rechtliche Regelungen greifbarer zu machen und in ihren negativen Auswirkungen abzufedern. Gleichzeitig ist es für Wissenschaft und Wirtschaft enorm wichtig, dass ein Freiraum für Innovationen bleibt und der Einsatz von KI und KI-Systemen in großem Maße stattfinden kann. Grundlage dafür sind wettbewerbsrechtliche Zugangsansprüche, die sich angesichts der wenig gefestigten Strukturen besonders darstellen.[76] Missbräuche sind daher besonders sorgsam zu verfolgen. Die Kommission sanktionierte das Retailpricing.[77] Besondere Sensibilität haben Preisalgorithmen, wenn daran der Zugang hängt.[78] Bei Systemen kann eine KI-Integration Wettbewerber ausschließen, ebenso schwächt ein Ausschluss von Informationen.[79]

3.5.2 KI-Verordnung

Ein wichtiger Schritt, diese Entwicklungen rechtlich zu begleiten, ist die europäische KI-Verordnung.[80] Damit hat die EU weltweit den ersten Regelungsrahmen für auf künstlicher Intelligenz beruhende Produkte geschaffen.[81] Zweck dieser Verordnung nach ihrem Art 1 ist es, das Funktionieren des Binnenmarkts zu verbessern, indem ein einheitlicher Rechtsrahmen insbesondere für die Entwicklung, das Inverkehrbringen, die Inbetriebnahme und die Verwendung von Systemen künstlicher Intelligenz (KI-Systeme) in der EU im Einklang mit deren Werten festgelegt wird, um die Einführung von menschenzentrierter und vertrauenswürdiger Künstlicher Intelligenz zu fördern und gleichzeitig ein hohes Schutzniveau in Bezug auf Gesundheit, Sicherheit und der in der Grundrechtecharta verankerten Grundrechte, sicherzustellen.

---

[75] Siehe dazu aber die Grenzen nach BVerfG, 30.06.2009–2 BvE 2/08 u. a., BVerfGE 123, 267, Rn 359 ff. – Lissabon.

[76] Siehe vorstehend unter Punkt 3.2.

[77] COMP/AT.40182 (Pioneer).

[78] Näher *Schröder,* Preisalgorithmen und Wettbewerb, 2024; *Andreas*, Haftung für Kartellverstöße durch Preisalgorithmen, 2022.

[79] Siehe EuG 27.09.2023 Rs T-367/23 R (Amazon) ECLI:EU:C:2023:589.

[80] VO 2024/1689/EU oder KI-VO.

[81] *Baur/Gebhardt,* jurisPR-BKR 4/2024 Anm 1, A.

So sind in der Verordnung harmonisierte Vorschriften für das Inverkehrbringen, die Inbetriebnahme und die Verwendung von KI-Systemen in der Union, Verbote bestimmter Praktiken im KI-Bereich, besondere Anforderungen an Hochrisiko-KI-Systeme und Pflichten für Akteure in Bezug auf solche Systeme, harmonisierte Transparenzvorschriften für bestimmte KI-Systeme, harmonisierte Vorschriften für das Inverkehrbringen von KI-Modellen mit allgemeinem Verwendungszweck, Vorschriften für die Marktbeobachtung sowie die Governance und Durchsetzung der Marktüberwachung sowie Maßnahmen zur Innovationsförderung mit besonderem Augenmerk auf KMU, einschließlich Start-up-Unternehmen zu finden. Insgesamt wird dabei ein risikobasierter, also anwendungsbezogener Ansatz verfolgt, nach dem bei höherem Risiko bei der Anwendung auch strengere Vorgaben gelten.[82]

Standardanforderungen finden sich in den Pflichten für Anbieter von KI-Modellen mit allgemeinem Verwendungszweck nach Art 53 2024/1689/EU, die für alle Arten von KI-Systemen gelten. Danach ist beispielsweise die technische Dokumentation unabdingbar sowie auch die Transparenz gegenüber nachgelagerten Anbietern.[83]

3.5.3 Spezifische Nutzung urheberrechtlich geschützter Inhalte

Wichtige Anmerkungen in Bezug auf das Urheberrecht finden sich in ErwGr 105 VO 2024/1689/EU: KI-Modelle mit allgemeinem Verwendungszweck, insbesondere große generative KI-Modelle, die Text, Bilder und andere Inhalte erzeugen können, bedeuten einzigartige Innovationsmöglichkeiten, aber auch Herausforderungen für Künstler, Autoren und andere Kreative sowie die Art und Weise, wie ihre kreativen Inhalte geschaffen, verbreitet, genutzt und konsumiert werden. Für die Entwicklung und das Training solcher Modelle ist der Zugang zu riesigen Mengen an Text, Bildern, Videos und anderen Daten erforderlich. In diesem Zusammenhang können Text-und-Data-Mining-Techniken in großem Umfang für das Abrufen und die Analyse solcher Inhalte, die urheberrechtlich und durch verwandte Schutzrechte geschützt sein können, eingesetzt werden. Für jede Nutzung urheberrechtlich geschützter Inhalte ist die Zustimmung des betreffenden Rechteinhabers erforderlich, es sei denn, es gelten einschlägige Ausnahmen und Beschränkungen des Urheberrechts. Mit der RL 2019/790/EU wurden Ausnahmen und Beschränkungen eingeführt, um unter bestimmten Bedingungen Vervielfältigungen und Entnahmen von Werken oder sonstigen Schutzgegenständen für die Zwecke des Text- und Data-Mining zu erlauben.[84]

Nach diesen Vorschriften können Rechteinhaber beschließen, ihre Rechte an ihren Werken oder sonstigen Schutzgegenständen vorzubehalten, um Text-und-Data-Mining zu verhindern, es sei denn, es erfolgt zum Zwecke der wissenschaftlichen Forschung. Insoweit hat die Fortentwicklung Vorrang. Wenn die Vorbehaltsrechte

---

[82] Konkret dazu *Bronner,* jurisPR-ITR 13/2024 Anm 2, B.II.1.

[83] Dazu auch *Baur/Gebhardt,* jurisPR-BKR 4/2024 Anm 1, E.

[84] RL 2019/790/EU; in Deutschland vor allem aufgenommen im Gesetz zur Anpassung des Urheberrechts an die Erfordernisse des digitalen Binnenmarktes 2021.

ausdrücklich und in geeigneter Weise vorbehalten wurden, müssen Anbieter von KI-Modellen mit allgemeinem Verwendungszweck eine Genehmigung von den Rechteinhabern einholen, wenn sie Text und Data Mining bei solchen Werken durchführen wollen.

So sieht Art 53 Abs 1 lit c) VO 2024/1689/EU für Anbieter von KI-Modellen mit allgemeinem Verwendungszweck auch vor, dass sie eine Strategie zur Einhaltung des Urheberrechts der Union auf den Weg bringen müssen. Dies zeigt umgekehrt, dass bislang keine näheren spezifischen Festlegungen für KI-Modelle existieren.

3.5.4 Offene Haftungsfragen

Die Verordnung regelt bei Weitem nicht alle sich beim Umgang mit Künstlicher Intelligenz ergebenden Fragen. Bislang nicht aufgenommen sind Fragen der Haftung im Umgang mit KI-Systemen, die aber in der KI-Haftungs-Richtlinie (KOM/2022/496) in einer harmonisierten Regelung aufgenommen werden sollten.[85] Sie wurde aber von der Kommission wieder zurückgenommen, sodass die allgemeinen zivilrechtlichen Haftungsregeln greifen. Auch Fragen des Urheberrechtsschutzes, so zum Beispiel von Ergebnissen auf Basis fremder Daten oder von Prompts, sind noch nicht vollständig beantwortet.[86]

Gerade wenn KI-Systeme in (wenn auch bisher noch weiter) Zukunft noch leistungsfähiger werden und unter Umständen als sogenannte starke KI losgelöst von ursprünglichen Programmbefehlen auf der Basis massenhaft gesammelter und verfügbarer Daten eigene Entscheidungen treffen, sind die Produktionsergebnisse losgelöst von menschlicher Kontrolle.[87] In diesem Zusammenhang stellte sich die Frage, ob es nicht einer eigenen Rechtspersönlichkeit bedarf, die dann als verantwortlich oder rechenschaftspflichtig gelten kann. So wurde schon 2017 durch das Europäische Parlament die Idee einer „electronic person" bzw. „e-person" geboren und für intelligente Roboter und autonome Systeme vorgeschlagen, worauf eine scharfe Reaktion aus der KI-Forschung, der Rechtswissenschaft, von Unternehmen und anderen folgte, dieses rechtliche Konstrukt sei zu diesem Zeitpunkt weder sachgerecht noch erforderlich.[88]

4 Fazit und Ausblick

Digitalisierung und KI bestimmen maßgeblich den Klimaschutz, und zwar bereits nach dem Green Deal, besonders aber nach dem Clean Industrial Deal, der in Einzelfeldern spezifische Bedeutungen benennt, so vor allem im Energiebereich sowie

[85] *Baur/Gebhardt,* jurisPR-BKR 4/2024 Anm. 1, K. auch zum Folgenden.

[86] Krit. *Martinek,* jM 2024, 326.

[87] *Martinek,* jM 2024, 328.

[88] *Martinek,* jM 2024, 329.

für das Recycling bzw. die Kreislaufwirtschaft. Vor allem durch sie können die in Europa dringend notwendigen Innovationen vorangebracht werden. In dem Wettbewerbskompass der EU-Kommission von Ende Januar 2025 wird die Förderung von Investitionen in Zukunftstechnologien wie die KI explizit als eine Priorität neben der Stärkung klimafreundlicher Technologien, der Senkung der Energiepreise und Bürokratieabbau genannt. Das zeigt ihre hohe Bedeutung für die Stärkung der Wettbewerbsfähigkeit auf EU-Ebene.[89]

Die zukünftige Arbeit der Kommission wird sich schwerpunktmäßig auf eine Steigerung der Produktivität durch Schließen der Innovationslücke, einen gemeinsamen Plan für Dekarbonisierung und Wettbewerbsfähigkeit sowie den Bürokratieabbau stützen. Mit dieser Strategie soll laut von der Leyen das Wachstum schneller, sauberer und gerechter werden, indem sichergestellt wird, dass alle Europäerinnen und Europäer vom technologischen Wandel profitieren können. Hierin liegt die Nachhaltigkeit der Zukunft. Das Recht wird sich darauf auszurichten haben, diesen Prozess möglichst zu erleichtern und gleichzeitig den Wert der Fortentwicklungen von Unternehmen zu schützen. Digitalisierung und KI geben keinen Freifahrtschein zu Datenklau, setzen aber die Zugänglichkeit zu Plattformen und Systemen durch klare und einfach verständliche Regelungen voraus, damit Einzelunternehmen ihre Produkte und Prozesse fortentwickeln können – gerade auch für den Klimaschutz. Das Recht enthält viele Eckpunkte, ist allerdings noch nicht voll ausgeprägt. Gerade die Frage der Nutzung von bei der Digitalisierung und in KI-Prozessen entwickelten Daten sollte – zumal nach der nur Kunstwerke betreffenden Pastiche-Entscheidung des EuGH vom 14.04.2026 – vertraglich geregelt werden, um späteren Streit zu vermeiden. Haftungsfragen sind weitergehend offen.

Literatur

Andreas, Haftung für Kartellverstöße durch Preisalgorithmen, 2022.

Baur/Gebhardt, Die Verordnung über Künstliche Intelligenz (KI-Verordnung) Regulatorische Leitplanken auf dem Weg in die digitalisierte Welt, jurisPR-BKR 4/2024.

Bronner, Die KI-Verordnung (KI-VO) der EU, jurisPR-ITR 13/2024.

Brückner/Marr, Der EU Critical Raw Materials Act – Vorfahrt für die Gewinnung strategischer und kritischer Rohstoffe?, NuR 2024, 793.

Frenz (Hg), Handbuch Rohstoffwirtschaft (2025).

Frenz (Hg), Gesamtkommentar Klimaschutzrecht[3] (2025).

Frenz, Grundzüge Klimaschutzrecht[3] (2023).

Frenz, Handbuch Europarecht (2011) VI.

Frenz, Handbuch Europarecht[2] (2015) II.

Frenz, Klimaschutz nach Baku und ohne Trump: Konsequenzen auf EU-Ebene, NuR 2024, 73.

Frenz, Staatliche Rohstoffaktivitäten und Europarecht, EuR 2023, 238.

Frenz, Wettbewerbsfähigkeit first – mit Klimaschutz!, EWS 2024, 181.

Frenz, Wettbewerbsrechtliche Ansprüche bei der Standardsetzung durch Unternehmensvereinigungen. Zur kollektiven Regelsetzung am Beispiel der Energiewende, N&R 2017, 258.

Martinek, Systeme künstlicher Intelligenz als juristische Personen, jM 2024, 326

---

[89] IP/25/339.

Paal/Kumkar, Wettbewerbsschutz in der Digitalwirtschaft. Die wichtigsten Neuerungen der 10. GWB-Novelle im Überblick, NJW 2021, 809.
Schröder, Preisalgorithmen und Wettbewerb, 2024.
Tolks, Die finale Fassung des Data Governance Act. Erste Schritte in Richtung einer europäischen Datenwirtschaft, MMR 2022, 444.

Rechtlicher Umgang mit Nachhaltigkeitsrisiken digitaler Technologien

Teresa Weber

Inhaltsverzeichnis

Zusammenfassung Dieser Beitrag untersucht den rechtlichen Umgang mit Nachhaltigkeitsrisiken digitaler Technologien. Nach einer einleitenden Auseinandersetzung mit dem Begriff Nachhaltigkeit wird geprüft, ob und inwieweit das europäische Umweltrecht, sowohl auf sekundär- als auch auf völkerrechtlicher Ebene, Nachhaltigkeitsrisiken digitaler Technologien adressiert. Anschließend wird die KI-VO als zentrales europäisches Regulierungsinstrument herausgegriffen und ihre Defizite hinsichtlich der Berücksichtigung von Nachhaltigkeitsrisiken von KI-Systemen aufgezeigt. Abschließend wird geprüft, inwieweit primärrechtliche bzw. verfassungsrechtliche Verpflichtungen zur Berücksichtigung von Nachhaltigkeitsrisiken (auch) bei der Regulierung digitaler Technologien anzunehmen sind.

Schlüsselwörter Nachhaltigkeitsrisiken · Nachhaltigkeit · KI-Regulierung · KI-VO

T. Weber (✉)
Forschungsinstitut für Urban Management and Governance, Wirtschaftsuniversität Wien, Wien, Österreich
e-mail: teresa.weber@wu.ac.at

S. Martinetz und C. Wutscher (Hrsg.), *Digitale Nachhaltigkeit – Nachhaltige Digitalisierung*, https://doi.org/10.1007/978-3-662-73381-3_4

1 Einleitung und Fragestellung

Der vorliegende Beitrag trägt den Titel „Rechtlicher Umgang mit Nachhaltigkeitsrisiken digitaler Technologien". Jeder Wendung im Titel könnte ein eigener Beitrag gewidmet werden – gleich zu Beginn sind daher einige begriffliche Absicherungen notwendig.

Da ist zunächst der „Rechtliche Umgang mit". Im vorliegenden Beitrag wird diese Themenstellung so verstanden, dass bestehende rechtliche Instrumente untersucht werden, aber auch darüber hinaus die Frage gestellt wird, wie Rechtssetzer Risiken regulieren könnten, wenn sie wollten. „Rechtlicher Umgang mit" impliziert also eine Betrachtung sowohl *de lege lata* wie auch *de lege ferenda*.

Erklärungsbedürftig ist auch der Begriff der Nachhaltigkeitsrisiken. Neben den Ausführungen zum Nachhaltigkeitsbegriff, die sich dazu in anderen Beiträgen dieses Sammelbands finden[1] ist hier lediglich zu erwähnen, dass die von digitalen Technologien wie zum Beispiel Künstlicher Intelligenz ausgehenden Risiken zunächst die ökologische Komponente von Nachhaltigkeit betreffen,[2] so etwa mit Blick auf den Energieverbrauch und die damit einhergehenden Treibhausgasemissionen von großen Serverzentren,[3] oder auch in Anbetracht des für die Kühlung der Rechenzentren benötigen Wassers und der für die Herstellung der Hardware erforderlichen Rohstoffe. Dazu kommt dann oft auch die Frage der globalen Gerechtigkeit, wenn etwa die Ressourcen im globalen Süden verbraucht werden, der Nutzen aber in Österreich eintritt. Digitale Technologien bergen damit auch für die soziale Komponente von Nachhaltigkeit Risiken. Bekannt sind auch die Risiken, die durch die Verbreitung von Falschnachrichten über soziale Medien für demokratische Prozesse und Institutionen bestehen.[4] Die Untersuchung im vorliegenden Beitrag beschränkt sich im Wesentlichen auf einige Risiken für die ökologische Komponente von Nachhaltigkeit.

Fast ebenso breit wie der Begriff der Nachhaltigkeit ist schließlich jener der „digitalen Technologien": Dazu zählen ganz allgemein das Internet und die mit ihm verbundenen digitalen Dienstleistungen, aber auch Blockchain-Anwendungen

---

[1] Siehe dazu insb die Beiträge von *Wutscher* und *Bertel* in diesem Band; weiters auch *Madner* in WiR 57 f.

[2] Vgl dazu auch *van Wynsberghe,* AI and Ethics 213 ff.

[3] Das Problem wurde auch auf internationaler Ebene bereits angesprochen: Im Juli 2025 rief UN Generalsekretär *Guterres* die Technologieindustrie dazu auf, Serverzentren mit erneuerbaren Energien zu betreiben. *Volcovici* 02.09.2025, UN chief urges tech sector to power data centers with renewables <https://www.reuters.com/sustainability/cop/un-chief-urges-tech-sector-power-data-centers-with-renewable-2025-07-22/>.

[4] Aus politikwissenschaftlicher Perspektive z. B. *Carson/Wright,* Australian Journal of Political Science 57/2022, 221 ff. und die dort vorgestellten Beiträge der Sonderausgabe. Aus österreichischer Perspektive (inklusive Schulungsmaterial) z. B. bearbeitet auf der „Demokratiewebstatt" des österreichischen Parlaments, Demokratie webstatt, Gefährden Fake News und Co. unsere Demokratie? <https://www.demokratiewebstatt.at/thema/lebensbereiche/thema-fake-news-und-verschwoerungstheorien/gefaehrden-fake-news-und-co-unsere-demokratie>.

oder Künstliche Intelligenz. Digitale Technologien prägen zunehmend wirtschaftliche, gesellschaftliche und staatliche Prozesse und stellen damit das Recht vor neue Herausforderungen.

Vor diesem Hintergrund werden im vorliegenden Beitrag drei Fragen gestellt. Erstens: Wie geht das europäische Umweltrecht mit den Nachhaltigkeitsrisiken digitaler Technologien um? Hier fokussiert der Beitrag nicht auf eine spezifische Technologie, sondern zieht ausgewählte Beispiele heran, um die genannten ökologischen Nachhaltigkeitsrisiken zu illustrieren. Zweitens: Welche Ansätze zur rechtlichen Regulierung von Nachhaltigkeitsrisiken gibt es in den Rechtsakten, die spezifisch auf digitale Technologien zugeschnitten sind? Exemplarisch wird hier die KI-VO analysiert.[5] Drittens: Gibt es eine Verpflichtung der jeweiligen Rechtssetzer, die Nachhaltigkeitsrisiken abzuschätzen und zu berücksichtigen? Zur Beantwortung dieser Frage werden grundrechtliche Vorgaben und Vorgaben zum Rechtssetzungsprozess dargestellt und untersucht.

2 Nachhaltigkeitsrisiken digitaler Technologien im EU-Umweltrecht

Zunächst also zur ersten Frage: Berücksichtigt das Umweltrecht bestehende Nachhaltigkeitsrisiken digitaler Technologien? Der Fokus der nachfolgenden Ausführungen liegt auf dem europäischen Umweltrecht, da auf dieser Ebene immer wieder ganz maßgebliche Impulse für die Weiterentwicklung auch des österreichischen Umweltrechts gegeben werden.

Wenig überraschend findet sich zunächst kein Sekundärrechtsakt, der sich spezifisch mit den Nachhaltigkeitsrisiken digitaler Technologien befasst. Es kann aber überlegt werden, inwieweit bestehende Sekundärrechtsakte die eingangs angesprochenen Risiken abdecken. Entsprechende Überlegungen wurden auch in der Literatur bereits angestellt.[6] *Hacker* analysiert unter diesem Gesichtspunkt zum Beispiel die Emissionshandels-Richtlinie[7] und die Wasser-Rahmen-Richtlinie.[8] Er stellt dabei fest, dass beide Rechtsakte grundsätzlich technologieneutral formuliert sind und daher auch auf „neuere" Entwicklungen, wie etwa Künstliche Intelligenz, angewendet werden könnten.[9] Allerdings stellt das Emissions-Handels-Recht auf bestimmte Sektoren ab, und die durch digitale Technologien verursachten Emissionen kommen nur

---

[5] VO 2024/1689/EU oder KI-VO.

[6] *Hacker,* Sustainable AI Regulation, CMLR 2024, 345; einen Blick auf das EU-Datenschutzrecht wirft *Santamaría Echeverría,* Review of European, Comparative & International Environmental Law, 2025, 1; siehe weiters *Stein,* Yale Journal on Regulation 37 (3)/2020, 890; *Martini/Ruschemeier,* ZUR 2021, 521 ff.; *Pagallo/Ciani Sciolla/Durante,* Transforming Government: People, Process and Policy 2022, 359; *Hacker,* Computer Law & Security Review 51/2023, 4 f.

[7] Emissionshandel-RL 2003/87/EG; *Hacker,* CMLR 61/2024, 353 f.

[8] Wasser-Rahmen-RL 2000/60/EG; *Hacker,* CMLR 2024, 354 ff.

[9] *Hacker,* CMLR 61/2024, 354 f.

dann in den Blick der Richtlinie, wenn sie entsprechende Sektoren betreffen.[10] Im Zusammenhang mit der Wasser-Rahmen-Richtlinie thematisiert *Hacker* den Wasserverbrauch digitaler Technologien und stellt zutreffend fest, dass die Wasser-Rahmen-Richtlinie vorwiegend auf die Qualität von Wasser und Wasserkörpern abstellt und den Wasserverbrauch in quantitativer Hinsicht nur indirekt in den Blick nimmt.[11]

Ähnliches lässt sich auch festhalten, wenn man etwa die UVP-Richtlinie[12] in den Blick nimmt. Abgesehen von bestimmten, sehr umfangreichen Grundwasserentnahmen[13] oder Wasserumleitungsvorhaben[14] sind die Nachhaltigkeitsrisiken digitaler Technologien nicht von der UVP-Richtlinie erfasst. Server-Zentren z. B. sind nach der geltenden Rechtslage per se keine UVP-pflichtigen Vorhaben.

Nun kann man darüber nachdenken, ob diese Rechtsakte entsprechend angepasst werden sollten. Allerdings ist in diesem Zusammenhang darauf hinzuweisen, dass die Standorte der Anlagen, welche die ökologischen Nachhaltigkeitsrisiken mit sich bringen, häufig außerhalb der Europäischen Union liegen. Insofern stellt sich hier zusätzlich die Frage, ob und gegebenenfalls wie die Europäische Union damit umgehen kann. Dazu ist einerseits auf die Rolle der EU als Akteurin auf internationaler Ebene hinzuweisen.[15] So bemüht sich die EU etwa auch im Rahmen ihrer Freihandels- und Assoziierungsabkommen, Nachhaltigkeit als Zielsetzungen zu verankern.[16]

Erwähnenswert ist aber auch die Lieferkettenrichtlinie[17] der Europäischen Union. Bei der Lieferkettengesetzgebung geht es darum, dass Unternehmen verpflichtet werden sollen, die Einhaltung von Umwelt- und Menschenrechtsstandards auch in der Wertschöpfungs- bzw. Lieferkette eines Produkts sicherzustellen. Nachdem es bereits in Frankreich und Deutschland seit einigen Jahren entsprechende Gesetzgebungsakte gibt,[18] wurde die Lieferketten-RL bzw. „Corporate Sustainability Due Diligence Directive" (daher auch: „CS Triple D") 2024 verabschiedet. Digitale Technologien werden dort vor allem als Instrument angesprochen, dass die Nachvollziehbarkeit der Lieferkettenbeziehungen erleichtern kann.[19] Gleichzeitig können aber durch digitale Technologien auch Dienstleistungen erbracht werden, die einen Bestandteil der Lieferkette – oder in der deutschen Terminologie der RL „Aktivitätskette" – darstellen könnten. Insofern könnten sich die Sorgfaltspflichten der erfassten

---

[10] *Hacker,* CMLR 61/2024, 354; Zum Emissionshandelsrecht *Weber* in Ennöckl 149 mwN.

[11] *Hacker,* CMLR 61/2024, 355.

[12] UVP-RL 2011/92/EU.

[13] UVP-RL 2011/92/EU Anh I, Z 11.

[14] UVP-RL 2011/92/EU Anh I, Z 12.

[15] *Hollaus/Mayr,* Global Europe: Legal and Policy Issues of the EU's External Action, 4/2024, 225.

[16] Z. B. Art 1.2 lit i und, Kap. 26 (Trade and Sustainable Development), uva Bestimmungen im Interimshandelsabkommen EU-Chile, ABl. L 2024/2953; dazu *Gehring,* European Foreign Affairs Review 30/2025, 166; Art 50, 63 Assoziierungsabkommen EU-Zentralamerika, ABl. L 346, dazu *Espa/Tokas,* European Foreign Affairs Review 30/2025, 30; Nachhaltigkeitskapitel (Kap. 13) im Freihandelsabkommen EU-Korea, ABl. L 127, dazu *van 't Wout,* Asia Europe Journal 2022/20, 82.

[17] Lieferketten-RL 2024/1760/EU.

[18] Lieferkettensorgfaltspflichtengesetz vom 16.07.2021 (BGBl I S. 2959); Loi n° 2017 –399 du 27 mars 2017 relative au devoir de vigilance des sociétés mères et des entreprises donneuses d'ordre.

[19] ErwGr 68 Lieferketten-RL 2024/1760/EU.

Unternehmen auch auf Nachhaltigkeitsrisiken digitaler Technologien erstrecken. Die Zukunft der Lieferketten-Richtlinie ist allerdings derzeit nicht klar.[20]

Als Zwischenfazit kann also festgehalten werden: Die Nachhaltigkeitsrisiken digitaler Technologien werden im EU-Umweltrecht nicht spezifisch adressiert. Aber wie ist das nun mit dem Technologierecht? Spielt Nachhaltigkeit in der Regulierung digitaler Technologien eine Rolle? Das ist die zweite Frage, der im vorliegenden Beitrag nachgegangen wird.

3 Nachhaltigkeitsrisiken in der KI-VO

Das EU-Technologie und Digitalwirtschaftsrecht ist äußerst umfangreich; im vorliegenden Beitrag wird die Frage, ob Nachhaltigkeitsrisiken im technologiespezifischen Rechtsakten berücksichtigt werden anhand der KI-VO beurteilt. Eine kursorische Lektüre des Rechtsaktes führt zum Befund, dass Nachhaltigkeitsrisiken von KI,[21] insb wenn es um ökologische Nachhaltigkeit geht, in der KI-VO nur sehr rudimentär berücksichtigt werden[22]:

So findet sich etwa in den Erwägungsgründen der VO ein Hinweis auf die Leitlinien der von der Kommission eingesetzten Expert*innengruppe für KI von 2019,[23] denen zufolge KI mit dem Ziel eingesetzt werden soll, soziales und ökologisches Wohlergehen zu fördern. „‘Soziales und ökologisches Wohlergehen‘ bedeutet, dass KI-Systeme in nachhaltiger und umweltfreundlicher Weise und zum Nutzen aller Menschen entwickelt und verwendet werden, wobei die langfristigen Auswirkungen auf den Einzelnen, die Gesellschaft und die Demokratie überwacht und bewertet werden.“[24] – diese Grundsätze sollen den Erwägungsgründen zufolge in die Gestaltung und Verwendung von KI-Modellen einfließen.

Konkreten Niederschlag finden diese Überlegungen z. B. im Zusammenhang mit Art 59 KI-VO.[25] Dieser sieht die Erlaubnis vor, für andere Zwecke rechtmäßig erhobene personenbezogene Daten auch für KI-Reallabore zu verwenden, u. a. wenn diese zur Wahrung eines erheblichen öffentlichen Interesses, z. B. zur Entwicklung

---

[20] Siehe insb die RL 2025/794/EU (sog „stop the clock“ Richtlinie, mit der einige Fristen aufgeschoben werden), hervorgegangen aus KOM (2025) 80 final, der gemeinsam mit KOM (2025) 81 endg das „Omnibus-I“ Paket zur Deregulierung bildet.

[21] Zu diesen z. B. *Taddeo/Tsamados/Cowls/Floridl,* One Earth 2021, 776 ff.; *Cowls/Tsamados/Taddeo/Floridi,* AI & SOCIETY 2023, 283.

[22] So auch *Hacker,* 13.12.2023, What’s Missing from the EU AI Act, <https://verfassungsblog.de/whats-missing-from-the-eu-ai-act/>; *Wörsdörfer,* Global Business and Organizational Excellence 2024, 120 sowie schon zum Vorschlag der Kommission *Ebers/Hoch/Rosenkranz/Ruschemeier/Steinrötter,* Multidisciplinary Scientific Journal 2021, 601.

[23] Hochrangige Expertengruppe für künstliche Intelligenz (HEG-KI), Ethik-Leitlinien für eine vertrauenswürdige KI (2019) <https://digital-strategy.ec.europa.eu/en/library/ethics-guidelines-trustworthy-ai>.

[24] ErwGr 27 KI-VO 2024/1689/EU.

[25] Art 59 Abs 1 lit a iii KI-VO 2024/1689/EU.

nachhaltiger Energie, eingesetzt werden sollen. Hier wird also kein Nachhaltigkeitsrisiko reguliert, sondern KI als Chance zur Erreichung von Nachhaltigkeitszielen privilegiert.

Darüber hinaus finden sich Hinweise auf die „ökologische Nachhaltigkeit" im Zusammenhang mit den in Art 95 KI-VO vorgesehenen Verhaltenskodizes, die sich auch auf den Bereich der ökologischen Nachhaltigkeit erstrecken können.[26] Hier verfolgt der EU-Rechtssetzer also im Wesentlichen den Ansatz der Selbstregulierung durch die relevanten Akteure.

Zu erwähnen ist schließlich noch Art 53 der KI-VO. Dieser Bestimmung zufolge muss für KI-Modelle mit allgemeinem Verwendungszweck „technische Dokumentation" angefertigt werden, diese sollen auch Angaben zum „bekannten oder geschätzten Energieverbrauch des Modells" beinhalten.[27] Während das Europäische Parlament im Rechtssetzungsverfahren noch weiter gehende Vorschläge gemacht hatte, die im Wesentlichen zur Berechnung und Offenlegung des gesamten Ressourcenverbrauchs von KI-Modellen verpflichtet hätten,[28] reduziert die beschlossene Verordnung die Thematik hier auf den Energieverbrauch.

Pagallo ordnet schließlich noch die Grundrechte-Folgenabschätzung für Hochrisiko-KI-Systeme als mögliche Einfallspforte für Nachhaltigkeitserwägungen ein.[29] Diese Grundrechte-Folgenabschätzung ist in Art 27 KI-VO vorgesehen.[30] Spätestens seit der KlimaSeniorinnen Entscheidung[31] kann der Zusammenhang zwischen Grundrechten und Umwelt- und Klimaschutz nicht mehr geleugnet werden. Dennoch ist nicht ganz klar, wie lediglich die Anordnung einer Folgenabschätzung ohne weitergehende Rechtsfolgen für den Fall, dass der Ressourcenverbrauch enorm hoch ist, mehr Nachhaltigkeit bewirken soll. Eine solche Wirkung könnte aber vielleicht schon dann angenommen werden, wenn die entsprechenden Abschätzungen offengelegt und KI-Anwendungen entsprechend zu kennzeichnen wären – davon ist die geltende Rechtslage aber weit entfernt.

Die KI-VO und ihre Auswirkungen sind von der Kommission regelmäßig zu evaluieren. Explizit genannt wird etwa in Art 112 Abs 6 der KI-VO die Pflicht der Kommission, zu überprüfen, inwieweit es bei der Standardisierung der energieeffizienten Entwicklung von KI-Modellen zu Fortschritten gekommen ist. Spätestens dann sollte ganz grundsätzlich überlegt werden, wie der Aspekt der ökologischen Nachhaltigkeit auch im Rahmen der KI-VO stärker berücksichtigt werden kann.

---

[26] Art 95 Abs 2 lit b KI-VO 2024/1689/EU.

[27] Art 53 Abs 1 lit a iVm Anh XI Abschn. 1, 2e KI-VO 2024/1689/EU.

[28] Abänderungen des Europäischen Parlaments vom 14. Juni 2023 zu dem Vorschlag für eine Verordnung des Europäischen Parlaments und des Rates zur Festlegung harmonisierter Vorschriften für künstliche Intelligenz (Gesetz über künstliche Intelligenz) und zur Änderung bestimmter Rechtsakte der Union (KOM (2021) 0206 – C9-0146/2021–2021/0106 (COD)).

[29] *Pagallo,* Minds and Machines 10/35/2025, 9 f.

[30] Dazu z. B. *Anderl/Kraudinger,* in Zankl, KI-VO Art 27; *Seidl,* Dako 2024, 109; *Schmidbauer/Kaltenbrunner,* jusIT 2024, 195 f.

[31] EGMR 09.04.2024, 53600/20 (KlimaSeniorinnen/CH).

Die Ideen dazu reichen von einem eigenen sustainability impact assessment[32] – also einer Nachhaltigkeitsfolgenabschätzung – über die stärkere Limitierung und Regulierung des zulässigen Energie- und Ressourcenverbrauchs, gestaffelt nach sozialer Erwünschtheit der jeweiligen KI-Modelle.[33] KI, die die Aufrechterhaltung medizinischer Notfallversorgung unterstützt dürfte dann etwa mehr Energie verbrauchen als KI, die nur zu Unterhaltungszwecken eingesetzt wird. Das mag für den einen oder die andere dystopisch klingen, wäre aber in Anbetracht der multiplen planetaren Krisen, in denen wir uns befinden, sinnvoll.

Mit Blick auf das geltende Recht ist festzuhalten: auch in technologiespezifischen Rechtsakten wird Nachhaltigkeit bestenfalls als Randthema adressiert. Ökologische Nachhaltigkeit und digitale Technologien scheinen also vom Rechtssetzer noch nicht konsequent zusammengedacht worden zu sein. Das führt zur dritten Frage, die in diesem Beitrag behandelt wird: Wären Rechtssetzer bereits jetzt dazu verpflichtet, bei der Regulierung digitaler Technologien auch auf ökologische Nachhaltigkeit – also etwa Umwelt- und Klimaschutzbelange – Rücksicht zu nehmen?

4 Verpflichtung zur Berücksichtigung von Nachhaltigkeitsrisiken (auch) bei der Regulierung digitaler Technologien?

Die Beantwortung dieser Frage hat zwei Ebenen: Einerseits eine hier nicht näher besprochene grundrechtliche Ebene,[34] oder breiter gesprochen, die verfassungsrechtliche Perspektive und andererseits die Frage, welche Vorgaben es für Rechtssetzungsprozesse gibt.

Im österreichischen Verfassungsrecht und im EU-Primärrecht finden sich abgesehen von grundrechtlichen Vorgaben für die hier diskutierte Frage relevante Zielbestimmungen: Auf EU-Ebene sind insb Art 37 EU GRC und Art 11 AEUV zu nennen, im österreichischen Verfassungsrecht das BVG Nachhaltigkeit.[35] Alle diese Vorgaben verpflichten die Rechtssetzer bereits jetzt, Nachhaltigkeitserwägungen auch außerhalb des Umweltrechts im engeren Sinn mitzuberücksichtigen.[36] Bisher sind diese Garantien aber im Großen und Ganzen recht zahnlos geblieben, dem Gesetzgeber kommt eben immer noch ein weiter Gestaltungsspielraum zu.

Auch vor diesem Hintergrund erscheint es daher interessant, sich näher mit der Frage auseinanderzusetzen, wie, also in welchen Verfahren und auf Basis welcher Annahmen, Rechtssetzer diesen Gestaltungsspielraum ausnutzen, wer dabei gehört

---

[32] *Hacker,* CMLR 61/2024, 377 ff.

[33] *Hacker,* CMLR 61/2024, 381 ff.

[34] Zu gleichheitsrechtlichen Aspekten siehe den Beitrag von *Wutscher* in diesem Band; vgl weiters *Weber,* RdU 1a/2025, 47 ff.

[35] BVG Nachhaltigkeit, BGBl I 111/2013 idF BGBl I 82/2019.

[36] *Weber,* juridikum 2019, 514; *Kirchmair/Krempelmeier,* JRP 2023, 74.

wird, wer nicht und welche unterschiedlichen Optionen gegeneinander abgewogen werden.

Fokussiert man z. B. auf das Thema Klimaschutz, so wird in den letzten Jahren vermehrt über die Frage der Notwendigkeit einer „Klimafolgenabschätzung" für Rechtsakte diskutiert.[37] Und tatsächlich finden sich dazu inzwischen auch ganz konkrete Vorgaben im Unionsrecht:

Auf EU-Ebene kommt der EU-Kommission gem Art 6 Abs 4 Europäisches Klimagesetz[38] die Aufgabe zu, „die Vereinbarkeit eines jeden Entwurfs einer Maßnahme bzw. eines jeden Legislativvorschlags, einschließlich Haushaltsvorschlägen, vor der Annahme" mit den Klimaschutzzielen der Union zu bewerten.[39] Dazu zählen das Ziel der Klimaneutralität bis 2050, die Klimaziele der Union für 2030 und 2040, sowie das Ziel, Fortschritte bei der Anpassung an den Klimawandel zu machen.[40] Das Bewertungsergebnis ist mit den Folgenabschätzungen zu veröffentlichen, welche für Rechtssetzungsvorhaben auf EU-Ebene zur Steigerung der Rechtssetzungsqualität („better regulation") zum Einsatz kommen.[41] Die EU hat also bereits seit längerem ein recht umfangreiches Prozedere der ex ante Gesetzesfolgenabschätzung und der Öffentlichkeitsbeteiligung etabliert. Bei der KI-VO, die vorher als Beispiel für einen technologiespezifischen Rechtsakt analysiert wurde, kamen die Vorgaben des „Klimagesetzes" aufgrund der zeitlichen Zusammenhänge[42] noch nicht zur Anwendung. Allerdings ist die Kommission verpflichtet, bereits bestehende Unionsmaßnahmen alle fünf Jahre auf ihre Vereinbarkeit mit dem Ziel der Klimaneutralität zu überprüfen.[43] Das könnte in einigen Jahren also auch die KI-Verordnung betreffen.

---

[37] *Rametsteiner/Weber,* ÖJA 2025, 170.

[38] VO 2021/1119 VO oder „Europäisches Klimagesetz".

[39] Art 6 Abs 4 VO Europäisches Klimagesetz 2021/1119/EU; s weiters Europäische Kommission, Better Regulation Guidelines (2021) 35; Europäische Kommission, Better Regulation Toolbox (2023) insb 315 ff., beide abrufbar unter <commission.europa.eu/law/law-making-process/better-regulation/better-regulation-guidelines-and-toolbox_en>; vgl dazu krit European Scientific Advisory Board on Climate Change, Towards EU climate neutrality: progress, policy gaps and opportunities (2024) 23, 273 f. <https://climate-advisory-board.europa.eu/reports-and-publications/towards-eu-climate-neutrality-progress-policy-gaps-and-opportunities/esabcc_report_towards-eu-climate-neutrality.pdf/@@download/file>; *Versmann/Nooteboom,* Checking the consistency of EU legislation with the Climate Law and the do no significant harm principle (2023) 3 f. <www.ps4sd.eu/wp-content/uploads/2023/11/PS4SD-study-report_climate-consistency_DNSH_final2023.pdf>; weiters allg *Fujiwara/Asselt/Bößner ua,* Sustain Earth 2019/2, 3; *Kulovesi/Oberthür/van Asselt/Savaresi,* Journal of Environmental Law 2024, 35.

[40] Art 2 Abs 1, Art 5, 6 Abs 4 Europäisches Klimagesetz 2021/1119/EU.

[41] Art 6 Abs 4 Europäisches Klimagesetz 2021/1119/EU; Europäische Kommission, Better Regulation Guidelines (2021) 35 <commission.europa.eu/law/law-making-process/better-regulation/better-regulation-guidelines-and-toolbox_en>.

[42] Der Vorschlag für die KI-VO KOM (2021) 206 endg wurde im April 2021 vorgelegt; schon davor fand die Konsulation und Folgenabschätzung statt; das Europäische Klimagesetz 2021/1119/EU trat im August 2021 in Kraft.

[43] Art 6 Abs 2 Europäisches Klimagesetz 2021/1119/EU; s insb Europäische Kommission, Climate Action Progress Report 2023 <climate.ec.europa.eu/document/download/60a04592-cf1f.-4e31-865b-2b5b51b9d09f_en>; KOM (2021) 550 endg; KOM (2024) 196 endg 2 f.; vgl z. B. *Evans/Duwe/Velten,* Policy consistency: What it means, how to measure it, and links with other processes

Zum Abschluss noch ein Blick nach Österreich[44]: Auf Bundesebene wurde zwar noch keine Klimafolgenabschätzung eingeführt, bei einigen Instrumenten sind die Auswirkungen von Vorhaben auf das Klima aber bereits (mit-) zu berücksichtigen. Zentral ist in diesem Zusammenhang die in § 17 Bundeshaushaltsgesetz 2013 (BHG)[45] vorgesehene wirkungsorientierte Folgenabschätzung (WFA)[46]: § 17 Abs 2 BHG ordnet an, dass für alle „Vorhaben“ vom zuständigen BM[47] eine WFA durchzuführen und dem Vorhaben anzuschließen ist. Der Begriff des „Vorhabens“ wird in § 17 Abs 1 BHG definiert und umfasst insb die Vorbereitung der Erlassung von Rechtsvorschriften des Bundes. Zu den von der WFA erfassten Wirkungsdimensionen zählen auch umweltpolitische Auswirkungen und insb auch das Klima. Die derzeit durchzuführende WFA ist allerdings recht oberflächlich. Theoretisch könnten die in einer solchen Gesetzesfolgenabschätzung vorgebrachten Argumente auch bei verfassungsgerichtlichen Abwägungsentscheidungen herangezogen werden; in der Praxis gesteht ihnen der VfGH bisher keine Bedeutung zu.[48] Die aktuelle Bundesregierung hat aber vor, die WFA aufzuwerten und insbesondere auch der Frage der Klimafolgen mehr Platz und Bedeutung einzuräumen.

Diese schlaglichtartigen Ausführungen sollen zeigen, dass es grundsätzlich Instrumente und Verfahren gibt, um Wissen zu Nachhaltigkeitsfragen in den Rechtssetzungsprozess einzubringen. Dass diese Verfahren nicht perfekt sind, und dass sie dann, wenn es politisch opportun ist, auch gerne außer Acht gelassen werden, ist bekannt. Nachdem die entsprechenden Verfahren inzwischen aber vielfach Teil des positiven Rechts sind, wird es zunehmend schwieriger, sich über sie hinwegzusetzen.[49]

(2023) 3 ff., 21 <www.ecologic.eu/sites/default/files/publication/2023/50095-Policy-consistency-EUCL-implementation-web.pdf ≥ .

[44] Rechtsvergleichende Perspektiven und empirische Untersuchungen zur Durchführung von Klimafolgenabschätzungen finden sich bei *Leskinen/Belinskij/Saarela,* RECIEL 2024, 45 ff.

[45] BGBl I 139/2009 idF BGBl I 159/2024.

[46] Zur WFA auf Ebene der Länder siehe zT schon oben sowie (allerdings zum Stand 2015) *Krenn-Mayer* in Irresberger/Steiner/Uebe 21 ff.

[47] Bzw dem jeweils haushaltsleitenden Organ (§ 6 BHG) – das sind neben den BM z. B. der BPräs oder der Präsident des NR.

[48] VfGH 13.12.2019, G 67/2019 u. a.; VfGH 13.12.2019, G 78/2019; sowie Nachweise bei *Weber,* RdU 1a/2025, 50 f.

[49] Mit Blick auf die fehlende bzw unvollständige Folgenabschätzung betreffend das „Omnibus-Paket“ der Kommission wird bereits vor der dadurch entstehenden Anfechtbarkeit und Rechtsunsicherheit gewarnt, z. B. *van Gaal* 16.06.2025, EU's ‚Omnibus‘ green rollback likely to hit legal challenge, experts warn, <https://euobserver.com/eu-political/arb6c217df>. Zur Rsp des EuGH zur Relevanz von Folgenabschätzungen bei der Beurteilung der Primärrechtskonformität, insb auch der Verhältnismäßigkeit, von Sekundärrechtsakten siehe z. B. Alblas/Castro-Montero, The Theory and Practice of Legislation 2017, 25 ff. sowie *Weber* in Müller 134 f. jeweils mwN.

5 Zusammenfassung und Ausblick

Zusammenfassend lässt sich aus den vorangehenden Ausführungen festhalten: Nachhaltigkeitsrisiken digitaler Technologien betreffen zentrale ökologische und soziale Aspekte und sind bislang nur in Ansätzen rechtlich adressiert. Während das europäische Umweltrecht gewisse Anknüpfungspunkte bietet, bleibt der Großteil der bestehenden Regelwerke technologieneutral und damit blind gegenüber den spezifischen Herausforderungen digitaler Infrastrukturen und Technologien. Auch technologiebezogene Rechtsakte wie die KI-VO greifen ökologische Nachhaltigkeit bislang nur selektiv und meist unverbindlich auf. Die Idee einer systematisch verankerten Nachhaltigkeitsfolgenabschätzung – etwa gestuft nach gesellschaftlicher Relevanz digitaler Anwendungen – ist bislang nicht umgesetzt, könnte aber ein sinnvoller Ansatzpunkt für eine zukunftsfähige Regulierung sein. Wichtig ist in diesem Zusammenhang, dass Rechtssetzungsverfahren qualitätsvoll geführt werden und tatsächlich versucht wird, Probleme und Lösungsansätze in ihren verschiedenen Dimensionen zu erfassen, bevor ein Rechtsakt erlassen wird.

Für die Zukunft stellt sich daher dringlich die Frage, wie rechtliche Rahmenbedingungen gestaltet werden können, die sowohl der Dynamik digitaler Innovationen als auch den planetaren Belastungsgrenzen gerecht werden. Das Recht kann hier als Übersetzungsinstanz zwischen technischer Möglichkeit und gesellschaftlicher Verantwortung fungieren – wenn die rechtssetzenden Institutionen und damit die in ihnen tätigen Menschen den Mut zur entsprechenden Gestaltung aufbringen.

Literatur

Alblas/Castro-Montero, Competence versus competency: judicial review of impact assessments by the Court of Justice of the European Union, The Theory and Practice of Legislation 2017, 25.

Anderl/Kraudinger, in Zankl (Hg) KI-VO Kommentar (2024) Art 27.

Carson/Wright, Australian Journal of Political Science 57/2022, 221.

Cowls/Tsamados/Taddeo/Floridi, The AI gambit: leveraging artifcial intelligence to combat climate change—opportunities, challenges, and recommendations, AI & SOCIETY 2023, 283.

Ebers/Hoch/Rosenkranz/Ruschemeier/Steinrötter, The European Commission's Proposal for an Artificial Intelligence Act—A Critical Assessment by Members of the Robotics and AI Law Society (RAILS), Multidisciplinary Scientific Journal 2021, 589.

Espa/Tokas, Interrelation Between Paris Agreement and EU Free Trade Agreements' Commitments: In Search of a Sustainable Path, European Foreign Affairs Review 30/2025, 7.

Evans/Duwe/Velten, Policy consistency: What it means, how to measure it, and links with other processes (2023) <www.ecologic.eu/sites/default/files/publication/2023/50095-Policy-consistency-EUCL-implementation-web.pdf>.

Fujiwara/Asselt/Bößner ua, The practice of climate change policy evaluations in the European Union and its member states: results from a meta-analysis, Sustain Earth 2019/2, 3.

Gehring, External Relations Law on Trade and Sustainable Development: The Evolving Nature of EU Law and Policy Constraints, European Foreign Affairs Review 30/2025, 157.

Hacker, 13.12.2023, What's Missing from the EU AI Act, <https://verfassungsblog.de/whats-missing-from-the-eu-ai-act/>.

Hacker, Sustainable AI Regulation, CMLR 61/2024, 345.

Hacker, The European AI Liability Directives – critique of a half-hearted approach and lessons for the future, Computer Law & Security Review 51/2023, 4.
Hollaus/Mayr, Pushing for Sustainability Abroad: EU Environmental Unilateralism and its Legal Limits, EU External Relations Law and Sustainability, Global Europe: Legal and Policy Issues of the EU's External Action, 4/2024, 225.
Kirchmair/Krempelmeier, Das Klimaschutzprinzip im BVG Nachhaltigkeit: Ein schlafender Riese, JRP 1/2023, 74.
Krenn-Mayer, Wirkungsorientierte Folgenabschätzung in der Landeslegistik, in Irresberger/Steiner/Uebe (Hg), Linzer Legistik Gespräche (2015) 21.
Kulovesi/Oberthür/van Asselt/Savaresi, The European Climate Law: Strengthening EU Procedural Climate Governance?, Journal of Environmental Law 2024, 23.
Leskinen/Belinskij/Saarela, Integrating climate change into legislative drafting: An analysis of regulatory impact assessment obligations and practices in the EU and Finland, RECIEL 2024, 45.
Madner, Nachhaltigkeit im Verwaltungsrecht, in WiR (Hg) Nachhaltigkeit im Wirtschaftsrecht (2023) 57.
Martini/Ruschemeier, Künstliche Intelligenz als Instrument des Umweltschutzes, ZUR 2021, 515.
Pagallo, On Twelve Shades of Green: Assessing the Levels of Environmental Protection in the Artificial Intelligence Act, Minds and Machines 10/35/2025, 1.
Pagallo/Ciani Sciolla/Durante, The environmental challenges of AI in EU law: Lessons learned from the Artificial Intelligence Act (AIA) with its drawbacks, Transforming Government: People, Process and Policy 2022, 359.
Rametsteiner/Weber, Klimafolgenabschätzung, ÖJA 2025, 170.
Santamaría Echeverría, Integrating environmental sustainability into EU data law and governance: The case of health data, Review of European, Comparative & International Environmental Law, 2025, 1.
Schmidbauer/Kaltenbrunner, Datenschutz-Folgeabschätzung und Grundrechte-Folgenabschätzung in der KI-Forschung, jusIT 2024, 192.
Seidl, Verpflichtung zur Abwägung von Grundrechten und –freiheiten von KI-Anwendungen, Dako 2024, 109.
Stein, Artificial Intelligence and Climate Change, Yale Journal on Regulation 37 (3) /2020, 890.
Taddeo/Tsamados/Cowls/Floridl, Artificial intelligence and the climate emergency: Opportunities, challenges and recommendations, One Earth 2021, 776.
van 't Wout, The enforceability of the trade and sustainable development chapters of the European Union's free trade agreements, Asia Europe Journal 2022/20, 81.
van Gaal, EU's 'Omnibus' green rollback likely to hit legal challenge, experts warn (16.06.2025) <https://euobserver.com/eu-political/arb6c217df>.
van Wynsberghe, Sustainable AI: AI for sustainability and the sustainability of AI, AI and Ethics 2021, 213.
Weber, Emissionshandelsrecht in Ennöckl (Hg), Klimaschutzrecht (2023) 149.
Weber, Rationalität als Anforderung an das Gesetzgebungsverfahren: Evidenzbasierte Gesetzgebung? in Müller (Hg) Mittelbare Verhaltenssteuerung (2024) 125.
Weber, Staatsziele – Grundrechte – Umwelt- und Klimaschutz, juridikum 4/2019, 514.
Weber, Verfassungsrechtliche Vorgaben für „rationale" und evidenzbasierte Klimapolitik, RdU 1a/2025, 47.
Wörsdörfer, Mitigating the adverse effects of ai with the European Union's artificial intelligence act: Hype or hope?, Global Business and Organizational Excellence 2024, 106.

Nachhaltigkeit(sziele) und (digitale) Daten – Umweltschutz als Data Governance?

Anne Ixmeier

Inhaltsverzeichnis

Zusammenfassung Zuverlässige und richtige Daten sind wesentlicher Teil einer fundierten Entscheidungsgrundlage für Unternehmen und dienen als Steuerungsressource, um Strategien und Innovationen für die grüne Transformationen zu entwerfen. Durch Data Governance nach Maßstäben der CSRD wird Nachhaltigkeit messbar, prüfungspflichtig und ein integraler Bestandteil der Unternehmensführung. Durch eine strategische Nutzung von ESG-Daten können Umwelt- und Sozialziele gesteuert und Fortschritt sichtbar gemacht werden. Dieser Beitrag untersucht die Rolle von ESG-Daten und Rollen wie ESG Data Stewards für die grüne Transformation und zeigt auf, wie aus Data Governance als „Pflichtübung“ eine wichtige Ressource für Innovation, Resilienz und Zukunftsfähigkeit werden kann.

Schlüsselwörter Data Governance · Nachhaltigkeitsziele · ESG-Daten · CSRD · Umwelt- und Sozialziele

A. Ixmeier (✉)
Professur für Digital Services and Sustainability, Ludwig-Maximilians-Universität München, München, Deutschland
e-mail: ixmeier@lmu.de

S. Martinetz und C. Wutscher (Hrsg.), *Digitale Nachhaltigkeit – Nachhaltige Digitalisierung*, https://doi.org/10.1007/978-3-662-73381-3_5

1 Einleitung

Nachhaltigkeit und Daten sind in gegenwärtigen Transformationsprozessen untrennbar miteinander verschränkt. Politisch werden durch Regulierungen wie die Corporate Sustainability Reporting Directive (CSRD) verbindliche Standards geschaffen, die Transparenz und Vergleichbarkeit sichern sollen. Damit rückt die Frage nach der technischen und organisatorischen Verankerung von Daten in das Zentrum unternehmerischer Nachhaltigkeitsstrategien. Daten bilden nicht nur die Grundlage für die Messbarkeit und Steuerung ökologischer und sozialer Zielsetzungen, sondern gewinnen durch ihre rechtliche Kodifizierung den Charakter prüfbarer Pflichten.

Die zentrale Herausforderung besteht dabei nicht allein in der Erhebung von Rohdaten. Vielmehr erweist sich ihre Transformation in Wissen als entscheidend, um regulatorische Anforderungen erfüllen und zugleich fundierte unternehmerische Entscheidungen treffen zu können. Governance-Strukturen übernehmen in diesem Kontext eine Schlüsselrolle, indem sie für Qualität, Konsistenz und institutionelle Verantwortlichkeiten sorgen.

Vor diesem Hintergrund analysiert der Beitrag zunächst die normativen Vorgaben der CSRD, die neben präzise strukturierten Daten auch Prüfbarkeit, Standardisierung und klare Zuweisungen von Verantwortlichkeiten verlangen. Daran anschließend wird der Status quo der unternehmerischen Praxis in den Blick genommen: Defizite in der Datenintegration, fragmentierte Prozesse sowie ein oftmals niedriger Digitalisierungsgrad erschweren die Umsetzung. Gleichwohl eröffnet sich eine strategische Perspektive, die über reine Compliance hinausweist. Nachhaltigkeitsberichterstattung kann als Hebel für organisatorische Transformation fungieren, wenn ESG-Daten in Steuerungslogiken, Innovationsstrategien und Wertschöpfungsmodelle integriert werden.

Das Leitmotiv des Beitrags ist daher die doppelte Funktion der CSRD: Sie ist einerseits ein regulatorisches Instrument der Transparenz und Vergleichbarkeit, andererseits ein Impulsgeber für datenbasierte Nachhaltigkeitspolitik und unternehmerische Transformation. Unternehmen, die diese doppelte Funktion erkennen und aktiv nutzen, können regulatorische Anforderungen in eine strategische Ressource übersetzen.

2 Regulatorischer Rahmen der Nachhaltigleitsberichterstattung

Nachhaltigkeit ist heute nicht mehr bloß eine Frage freiwilliger Selbstverpflichtungen, sondern unterliegt verbindlichen gesetzlichen Vorgaben, deren Einhaltung kontrolliert und überprüft werden kann. Auf europäischer Ebene haben Initiativen wie die CSRD, die EU-Taxonomie, die Sustainable Finance Disclosure Regulation (SFDR) sowie die geplante Corporate Sustainability Due Diligence Directive (CSDDD) die Anforderungen an die Unternehmensberichterstattung grundlegend verändert. Unternehmen sind verpflichtet, quantitative wie qualitative Angaben zu Umwelt-, Sozial- und Governance-Aspekten vorzulegen, und zwar nicht in Form separater Nachhaltigkeitsberichte, sondern eingebettet in den Lagebericht. Nachhaltigkeit wird damit zu einem prüfbaren Bestandteil der gesetzlichen Finanz- und Unternehmensberichterstattung.[1]

3 Daten als Fundament regulatorischer Nachhaltigkeit

Diese Rechenschaftspflicht zieht erhebliche Anforderungen an die Datenqualität nach sich. Daten bilden heute die notwendige Voraussetzung, um überhaupt berichten zu können. Dabei genügt es nicht, Informationen lediglich zu sammeln. Vielmehr müssen sie vollständig, verlässlich und prüfbar sein. Auch die strukturierte Aufbereitung gewinnt an Bedeutung, insbesondere durch die European Sustainability Reporting Standards (ESRS), welche Vergleichbarkeit und Standardisierung gewährleisten sollen. Ein zentrales Element stellt zudem die doppelte Wesentlichkeitsanalyse dar, die sowohl finanzielle als auch ökologische und soziale Auswirkungen eines Unternehmens berücksichtigt. Schließlich müssen Daten stets im Kontext interpretiert werden: Sie sollen nicht nur Zahlen abbilden, sondern Wirkung und Fortschritt messbar machen.

Für Unternehmen folgt daraus die Notwendigkeit, eine robuste Data Governance sowie ein systematisches ESG-Management aufzubauen. Governance umfasst dabei nicht allein die Einführung strukturierter Prozesse zur Datenerhebung und -prüfung, sondern auch die Integration von ESG-Daten in bestehende Systeme, deren digitale Automatisierung sowie die Nutzung für Steuerungs- und Strategieentscheidungen. Ohne strukturierte, belastbare Daten ist regulatorische Nachhaltigkeit nicht erfüllbar. Gleichzeitig eröffnet sich hier ein Gestaltungsspielraum: Unternehmen, die ESG-Daten nicht nur als Mittel zur Pflichterfüllung, sondern als strategisches Steuerungsinstrument begreifen, können daraus Mehrwert generieren – etwa durch die Identifikation von Innovationspotenzialen, die Optimierung interner Prozesse oder die gezielte Positionierung im Wettbewerb.[2] Daten sind damit nicht nur Grundlage regulatorischer Compliance, sondern zugleich Hebel für nachhaltige Transformation.

Der Weg von Daten zu fundierten Entscheidungen ist kein automatischer Prozess, sondern erfordert eine bewusste Transformation. *Daten* sind in ihrer Rohform lediglich Messwerte ohne unmittelbare Bedeutung; sie gewinnen erst durch Strukturierung, Kontextualisierung und Interpretation den Charakter von *Informationen,* die als Grundlage für Entscheidungen dienen können. Werden diese Informationen systematisch miteinander verknüpft, entsteht *Wissen,* das neue Erkenntnisse ermöglicht.

---

[1] KPMG, Thought Paper: ESG & CSRD Reporting (2022) <https://assets.kpmg.com/content/dam/kpmg/de/pdf/Themen/2022/11/Thought-Paper-ESG-CSRD-Reporting-DE.pdf>.

[2] *Hart/Dowell,* A natural-resource-based view of the firm: Fifteen years after, Journal of Management 37 (2011) 1472; *Schaltegger/Zvezdov,* Gatekeepers of sustainability information: exploring the roles of accountants, Journal of Accounting & Organizational Change 11 (2015) 338.

Auf der höchsten Stufe schließlich steht die Fähigkeit, dieses Wissen strategisch anzuwenden und damit *Weisheit* im Sinne einer nachhaltigen Entscheidungslogik zu entwickeln.[3]

Diese Entwicklung lässt sich als Pyramide beschreiben: Am unteren Ende stehen Daten als rohe, kontextlose Werte. Im Rahmen der CSRD kann dies etwa eine einzelne CO_2-Messung sein – ein Zahlenwert, der für sich genommen noch keine Aussagekraft besitzt. Erst durch Strukturierung und Kontextualisierung entstehen daraus Informationen, beispielsweise in Form der jährlichen Gesamtemissionen eines Standorts. Werden solche Informationen systematisch zusammengeführt, können sie als Wissen genutzt werden, etwa um Ursachen für Emissionsanstiege zu identifizieren. Die oberste Stufe, die Weisheit, ist schließlich erreicht, wenn dieses Wissen strategisch eingesetzt wird, beispielsweise zur gezielten Reduktion von Scope-3-Emissionen. Gerade im Kontext der CSRD ist dieser Weg von der bloßen Datensammlung hin zur fundierten Entscheidungsbasis von zentraler Bedeutung. Unternehmen müssen nicht nur Daten berichten, sondern deren Relevanz und Aussagekraft sichtbar machen. Kontext und Interpretation sind daher keine optionalen Zusätze, sondern notwendige Voraussetzungen für ein wirksames Nachhaltigkeitsmanagement.[4] Ohne diese Transformation von Daten in entscheidungsrelevantes Wissen bleibt die Berichtspflicht eine rein formale Übung, die keine substanzielle Wirkung entfaltet.

Für die Praxis folgt daraus die Notwendigkeit eines strukturierten Datenmanagements. Nur wenn Unternehmen in der Lage sind, ihre Daten konsistent aufzubereiten, zu analysieren und in Entscheidungsprozesse zu integrieren, können regulatorische Anforderungen und unternehmerische Nachhaltigkeitsziele gleichermaßen erfüllt werden. Hier setzt das Konzept der *Data Governance* an, das den organisatorischen und prozessualen Rahmen bereitstellt, um Datenqualität, Verantwortlichkeiten und Nutzbarkeit sicherzustellen.[5] Data Governance ist somit nicht allein ein technisches Instrument, sondern ein strategischer Ansatz, um die Transformation von Daten in Wissen und schließlich in nachhaltige Entscheidungsgrundlagen zu gewährleisten.

4 Data Governance als Schlüssel zur Umsetzung

Unter Data Governance ist die Ausübung von Autorität und Kontrolle über die Verwaltung von Daten zu verstehen. Der Begriff umfasst damit weit mehr als technische Systeme, sondern verweist auf institutionelle Klarheit: auf Zuständigkeiten, Regeln und Prozesse, die sicherstellen, dass Daten konsistent, nachvollziehbar und verlässlich verfügbar sind.[6] Ziel ist es, den Wert von Daten zu steigern und zugleich die

---

[3] *Ackoff*, Journal of Applied Systems Analysis 16 (1989) 3.

[4] *Schaltegger/Zvezdov*, Journal of Accounting & Organizational Change 11 (2015) 337.

[5] *Khatri/Brown*, Communications of the ACM 53 (2010) 148.

[6] *Abraham/Schneider/vom Brocke*, International Journal of Information Management 49 (2019) 429.

mit ihrer Nutzung verbundenen Kosten und Risiken zu minimieren. Fehlende Nachvollziehbarkeit oder unklare Verantwortlichkeiten stellen in diesem Zusammenhang erhebliche Risikofaktoren dar – insbesondere im Bereich regulatorischer Nachhaltigkeitsberichterstattung, in dem Transparenz und Prüfbarkeit gesetzlich gefordert sind.[7] Gerade bei ESG-Daten zeigt sich die besondere Relevanz strukturierter Governance: Diese Daten sind nicht nur inhaltlich komplex und häufig fragmentiert entlang der Wertschöpfungskette, sondern auch sensibel, da sie ökologische, soziale und organisatorische Wirkungen des Unternehmens betreffen. Nur wenn ESG-Daten klar strukturiert, mit Verantwortlichkeiten hinterlegt und durch verbindliche Prozesse gesteuert werden, können sie effizient genutzt werden – und genau dies verlangt die CSRD.[8]

Ein klassisches Data-Governance-Framework verdeutlicht dabei die zentralen Dimensionen, die berücksichtigt werden müssen.[9] Dazu zählen der „Data Scope", welcher Datenobjekte, -formate und -quellen umfasst; der „Organizational Scope", in dessen Rahmen Verantwortlichkeiten zugeordnet werden; der „Domain Scope", der sich auf konkrete ESG-Bereiche wie Klimaberichterstattung oder ethische Beschaffung erstreckt; sowie die „Governance Mechanisms", die Prozesse, Richtlinien und Kontrollmechanismen bestimmen. Erst die Zusammenschau dieser Dimensionen macht Data Governance operabel. Werden sie vernachlässigt, drohen Fragmentierung, Intransparenz und damit Risiken für die regulatorische Compliance. Werden sie jedoch systematisch umgesetzt, ist Data Governance nicht nur steuerbar und prüfbar, sondern auch vertrauensbildend – sowohl nach innen im Unternehmen als auch nach außen gegenüber Aufsichtsbehörden, Investoren und der Öffentlichkeit.

5 Von offener Berichterstattung zu prüfbarer Berichtspflicht

Mit der CSRD wird ein grundlegender Wandel in der Unternehmensberichterstattung eingeleitet: weg von freiwilliger, unstrukturierter Nachhaltigkeitskommunikation hin zu einem standardisierten, prüfbaren und gesetzlich verpflichtenden ESG-Reporting. Damit ersetzt die CSRD die bisherige Non-Financial Reporting Directive (NFRD), die es Unternehmen bislang erlaubte, Nachhaltigkeitsthemen selektiv und qualitativ zu berichten – meist ohne feste Struktur und ohne externe Prüfung. Das Resultat war eine eingeschränkte Vergleichbarkeit, ein hohes Maß an Heterogenität sowie häufig eine geringe Aussagekraft der offengelegten Informationen.[10] Die CSRD macht hier einen klaren Schnitt: Sie führt verbindliche Berichtsstandards in

[7] RL 2022/2464/EU oder Corporate Sustainability Reporting Directive (CSRD).

[8] KPMG, Thought Paper: ESG & CSRD Reporting (2022) <https://assets.kpmg.com/content/dam/kpmg/de/pdf/Themen/2022/11/Thought-Paper-ESG-CSRD-Reporting-DE.pdf>.

[9] *Abraham/Schneider/vom Brocke*, International Journal of Information Management 49 (2019) 429.

[10] *Kolk*, Business Strategy and the Environment 17 (2008) 3.

Form der ESRS ein, verlangt eine einheitliche Offenlegungsstruktur und erweitert den Kreis der berichtspflichtigen Unternehmen erheblich.

Darüber hinaus wird eine externe Prüfungspflicht eingeführt. Nachhaltigkeitsdaten werden damit in ähnlicher Weise wie Finanzdaten prüfbar und unterliegen künftig einer externen Assurance durch unabhängige Prüfer. Dies stellt einen Paradigmenwechsel dar: Nachhaltigkeit wird nicht länger als kommunikatives Zusatzthema behandelt, sondern zum integralen Bestandteil der Unternehmensführung. Auch die technische Umsetzung unterliegt neuen Anforderungen. Berichte müssen künftig im European Single Electronic Format (ESEF) eingereicht werden, das auf XHTML und XBRL basiert. Diese technische Standardisierung macht die Angaben maschinenlesbar, automatisiert auswertbar und eröffnet damit sowohl Regulierungsbehörden als auch Marktakteuren neue Vergleichs- und Kontrollmöglichkeiten.[11] Mit der CSRD wird die Nachhaltigkeitsberichterstattung auf das Niveau der etablierten Finanzberichterstattung gehoben. Unternehmen sind verpflichtet, Nachhaltigkeit nicht nur darzustellen, sondern sie systematisch zu belegen und damit überprüfbar in ihre Steuerungslogiken zu integrieren. Dies führt zu einer neuen Qualität der Rechenschaftspflicht, bringt jedoch zugleich erhebliche Herausforderungen mit sich, die in der Praxis insbesondere Datenintegration, Prozesssicherheit und Governance-Strukturen betreffen.

Die methodische Kerninnovation der CSRD ist das Konzept der doppelten Wesentlichkeit („double materiality"). Dieses erweitert die klassische, finanzmarktorientierte Wesentlichkeitslogik fundamental. Während traditionelle Berichterstattung in erster Linie danach fragt, welche externen Faktoren den Unternehmenserfolg beeinflussen, verlangt die CSRD zusätzlich die Offenlegung der Auswirkungen des Unternehmens auf Umwelt und Gesellschaft. Die doppelte Wesentlichkeit umfasst damit zwei Perspektiven[12]:

- Einerseits die *Impact-Wesentlichkeit,* die auf die ökologischen und sozialen Wirkungen des Unternehmens abzielt – etwa Treibhausgasemissionen, Ressourcenverbrauch oder Arbeitsbedingungen.
- Andererseits die *finanzielle Wesentlichkeit,* welche die Rückwirkungen von ESG-Faktoren auf die ökonomische Leistungsfähigkeit des Unternehmens erfasst, beispielsweise regulatorische Risiken, physische Klimafolgen oder Reputationsschäden.

Dieses Prinzip verdeutlicht den zirkulären Zusammenhang zwischen Unternehmen und Nachhaltigkeit: Das Unternehmen steht im Zentrum, agiert zugleich als Verursacher und als Betroffener von Nachhaltigkeitseffekten. Während die Impact-Wesentlichkeit die „outside-in"-Perspektive betont, macht die finanzielle Wesentlichkeit die „inside-out"-Effekte sichtbar.[13] Beide Dimensionen müssen nach den Vorgaben der CSRD systematisch bewertet, dokumentiert und offengelegt werden.

---

[11] KPMG, Thought Paper: ESG & CSRD Reporting (2022) <https://assets.kpmg.com/content/dam/kpmg/de/pdf/Themen/2022/11/Thought-Paper-ESG-CSRD-Reporting-DE.pdf>.

[12] EFRAG, European Sustainability Reporting Standards – Exposure Drafts (2022) 10.

[13] *Hörisch/Schaltegger/Freeman*, J. Clean. Prod. 2020, 8.

Damit reicht es nicht mehr aus, lediglich Risiken für das eigene Geschäftsmodell zu identifizieren; ebenso wichtig ist es, die externen Effekte des unternehmerischen Handelns transparent zu machen. Die doppelte Wesentlichkeit ist somit kein bloßer Zusatz, sondern der theoretische Kern der CSRD-Logik und ein Hebel, um Nachhaltigkeitsaspekte in unternehmerische Strategien zu integrieren.

Operativ wird diese Logik durch die European Sustainability Reporting Standards (ESRS) konkretisiert. Diese Standards verpflichten Unternehmen dazu, ihre Nachhaltigkeitsberichterstattung entlang standardisierter Kriterien vorzunehmen. Während die NFRD bislang ein hohes Maß an inhaltlicher Offenheit zuließ, führt die CSRD mit den ESRS eine verbindliche Struktur ein, die Vergleichbarkeit, Prüfbarkeit und Konsistenz gewährleisten soll.[14] Die ESRS decken die drei Dimensionen von ESG umfassend ab:

- In der Umweltperspektive (E1–E5) stehen Klimaschutz, Ressourcennutzung, Kreislaufwirtschaft, Biodiversität und Verschmutzungsreduktion im Fokus.
- Im sozialen Bereich (E1–E5) werden Arbeitsbedingungen, Gleichstellung und Diversität, Menschenrechte entlang der Wertschöpfungskette sowie lokale Auswirkungen abgebildet.
- Schließlich adressiert der Governance-Standard (G1) Fragen der Unternehmensethik, Aufsichts- und Führungsstrukturen sowie interne Kontrollmechanismen.

Eine wesentliche Neuerung ist die Ausdehnung der Berichterstattungspflicht auf wesentliche ESG-Aspekte entlang der gesamten Wertschöpfungskette. Unternehmen sind verpflichtet, nicht nur ihre eigenen ESG-Aspekte, sondern auch jene ihrer Zulieferer, Produktionspartner und Logistikdienstleister zu berücksichtigen. Dies verändert die Informationsarchitektur erheblich, da ESG-Daten über Unternehmensgrenzen hinweg integriert und in konsistenter Form bereitgestellt werden müssen. In der Praxis ist dies ohne digitale Schnittstellen und standardisierte Austauschformate kaum realisierbar.[15] Empirische Erhebungen verdeutlichen bereits jetzt, dass die Einführung der CSRD über das reine Reporting hinaus wirkt: Ein erheblicher Teil der Unternehmen erwartet Veränderungen in ihrem Geschäftsportfolio, passt operative Investitionsentscheidungen an und integriert Nachhaltigkeit in die Unternehmensstrategie.[16] Die CSRD fungiert damit nicht nur als Transparenzinstrument, sondern zugleich als strategischer Hebel für organisatorischen und unternehmensübergreifenden Wandel.

Ein zentraler Bestandteil der Umsetzung ist die technische und inhaltliche Strukturierung von Nachhaltigkeitsdaten. Die CSRD verlangt, dass ESG-Daten nicht nur

---

[14] EFRAG, ESRS Exposure Drafts (2022) 10.

[15] Umweltbundesamt, Umweltberichterstattung & Berichtsstandards, o. D., 26.11.2025 <https://www.umweltbundesamt.de/umweltberichterstattung-berichtsstandards#einheitliche-eu-standards-fur-die-umwelt-und-nachhaltigkeitsberichterstattung>.

[16] KPMG, Thought Paper: ESG & CSRD Reporting (2022) <https://assets.kpmg.com/content/dam/kpmg/de/pdf/Themen/2022/11/Thought-Paper-ESG-CSRD-Reporting-DE.pdf>.

veröffentlicht, sondern auch prüfbar und maschinell lesbar aufbereitet werden.[17] Zu unterscheiden sind drei Kategorien:

- *Narrative Angaben* wie Strategien und Maßnahmen, die zwar textlich formuliert sind, aber einer klaren Standardisierung unterliegen.
- *Semi-narrative Daten*, die standardisierte Formate wie Ja/Nein-Antworten oder Vorauswahlfelder umfassen.
- Sowie *numerische Daten* in Form quantitativer Indikatoren, etwa CO_2-Emissionen oder Wasserverbrauch.

Hinzu kommt die gestufte Einführung einer externen Prüfungspflicht. Derzeit ist die *Limited Assurance* vorgesehen, welche eine Plausibilitätsprüfung beinhaltet; mittelfristig wird jedoch die *Reasonable Assurance* angestrebt, die tiefgreifende Kontrollen interner Prozesse, Kontrollsysteme und Datensicherungsmechanismen einschließt.[18] Für Unternehmen ergibt sich daraus die klare Implikation, dass die CSRD nicht nur inhaltliche Angaben, sondern technisch belastbare, prüfbare und gut strukturierte ESG-Daten verlangt, die entlang klarer Governance-Strukturen erhoben und dokumentiert werden müssen.

Die Erfüllung der CSRD-Anforderungen hängt maßgeblich vom Reifegrad des ESG-Datenmanagements ab. In der Praxis lassen sich drei Entwicklungsstufen unterscheiden: Am unteren Ende steht die *Minimal Compliance*, die durch manuelle, oft Excel-basierte Datenerhebung gekennzeichnet ist. Daten sind hier unvollständig, inkonsistent und schwer interpretierbar; das Reporting bleibt eine formale Pflicht ohne Mehrwert für Steuerung oder Strategie.[19] Im *Transition State* werden erste Schritte der Standardisierung und Automatisierung unternommen, ESG-Datenquellen teilweise integriert und Workflows teilautomatisiert; gleichwohl bestehen weiterhin Fragmentierungen und uneinheitliche Verantwortlichkeiten.[20] Erst der *Future State* entspricht dem Zielbild der CSRD: ESG-Daten sind in zentrale Systeme eingebettet, in Echtzeit verfügbar, systematisch geprüft und auditierbar.[21] Unternehmen in dieser Reifestufe können ESG-Daten nicht nur berichten, sondern aktiv zur Steuerung, Lernprozessen und Innovationsförderung nutzen.

Aktuelle Erhebungen zeigen jedoch, dass die Mehrheit der Unternehmen noch weit von diesem Ziel entfernt ist.[22] Über 90 % nutzen weiterhin Excel als Hauptwerkzeug für ihr Sustainability Reporting. Weniger als 40 % setzen spezialisierte

---

[17] EFRAG, ESRS Exposure Drafts (2022) 19; Richtlinie (EU) 2022/2464, ABl. L 322/15.

[18] KPMG, Thought Paper: ESG & CSRD Reporting (2022) <https://assets.kpmg.com/content/dam/kpmg/de/pdf/Themen/2022/11/Thought-Paper-ESG-CSRD-Reporting-DE.pdf>.

[19] KPMG, Thought Paper: ESG & CSRD Reporting (2022) <https://assets.kpmg.com/content/dam/kpmg/de/pdf/Themen/2022/11/Thought-Paper-ESG-CSRD-Reporting-DE.pdf>.

[20] PwC Deutschland, CSRD-Studie 2023 (2023) <https://www.pwc.de/de/content/6a6f81b0-383a-453f-9b7d-dd73f96c8360/pwc-studie-csrd-2023.pdf>.

[21] *Abraham/Schneider/vom Brocke*, International Journal of Information Management 49 (2019) 432.

[22] PwC Deutschland, CSRD-Studie 2023 (2023) <https://www.pwc.de/de/content/6a6f81b0-383a-453f-9b7d-dd73f96c8360/pwc-studie-csrd-2023.pdf>.

oder automatisierte ESG-Reporting-Tools ein, und nur ein kleiner Teil der Unternehmen verwendet moderne Technologien wie Künstliche Intelligenz für die Analyse und Konsolidierung. Drei Kernprobleme sind hierfür ursächlich: mangelnde Datenverfügbarkeit und -qualität, die Komplexität globaler Wertschöpfungsketten sowie personelle Engpässe. ESG-Daten sind häufig fragmentiert, schwer zugänglich und erfordern interdisziplinäre Kompetenzen, die am Arbeitsmarkt bislang kaum vorhanden sind.

Die CSRD-Compliance stellt damit kein rein technisches Projekt dar, sondern ein organisatorisches und kulturelles Transformationsvorhaben. Unternehmen müssen neue Strukturen, Prozesse und Kompetenzen aufbauen, um die Anforderungen zu erfüllen. Zugleich eröffnet sich hier eine strategische Perspektive: Nachhaltigkeitsdaten dürfen nicht nur als regulatorische Last, sondern müssen als Ressource für Innovation, Transparenz und Wettbewerbsvorteile verstanden werden.

6 Nachhaltigkeitsdaten als strategische Ressource

In der Literatur wird dabei zwischen zwei Logiken der Nachhaltigkeitsberichterstattung unterschieden: dem *informational* orientierten Reporting und dem *transformational* orientierten Reporting.[23] Ersteres beschränkt sich auf die Erfüllung regulatorischer Pflichten und externe Transparenz, bleibt retrospektiv und hat geringe Relevanz für die interne Steuerung. Das transformational orientierte Reporting dagegen versteht ESG-Daten als strategische Ressource, die kontinuierlich erhoben, systematisch in Unternehmenssysteme integriert und aktiv in Entscheidungsprozesse eingespeist wird. Es entstehen neue Rollen wie ESG Data Stewards, die Verantwortung für Datenqualität und -nutzung übernehmen. Datensilos werden aufgelöst, ESG-Daten in ERP- und Controlling-Systeme eingebunden und als Grundlage für Investitionsplanung, Produktportfolio-Steuerung oder Lieferkettenmanagement genutzt. Damit transformiert sich Nachhaltigkeitsberichterstattung von einer regulatorischen Pflicht zu einem Hebel für organisatorischen Wandel und nachhaltige Wertschöpfung.

Damit ESG-Daten einen solchen Mehrwert entfalten können, sind spezifische Datenpraktiken und strukturelle Voraussetzungen erforderlich. Auf der Ebene der Datenpraktiken umfasst dies drei Schritte: *Sensemaking,* das die relevanten Nachhaltigkeitsziele identifiziert und die dafür notwendigen Daten bestimmt; *Data Collection,* die interne und externe ESG-Datenquellen erschließt; sowie *Data Reconciliation,* die Daten auf Konsistenz und Nachvollziehbarkeit prüft. Auf der Ebene der strukturellen Voraussetzungen geht es darum, systematische Governance-Strukturen zu schaffen und ESG-Daten fest in Entscheidungsprozesse und Unternehmenskultur zu verankern. Erst die Verbindung beider Ebenen ermöglicht es, Nachhaltigkeitsdaten als

---

[23] *Püchel/Wang/Buhmann ea.*, Business & Information Systems Engineering 66 (2024) 833.

strategischen Baustein für Innovation, Lernprozesse und nachhaltige Transformation einzusetzen.[24]

7 Fazit

Zusammenfassend lässt sich festhalten, dass die CSRD die Nachhaltigkeitsberichterstattung in der Europäischen Union grundlegend neu verortet. Sie etabliert Berichtspflichten nicht mehr als freiwillige oder kommunikative Ergänzung, sondern als rechtsverbindliche und prüfbare Pflicht. Nachhaltigkeitsinformationen werden damit zu einem integralen Bestandteil gesetzlicher Unternehmensberichterstattung und zugleich zu einer strukturierten, vergleichbaren und auditierbaren Grundlage strategischer Entscheidungsprozesse.

Die Analyse verdeutlicht, dass die Wirksamkeit dieses Paradigmenwechsels maßgeblich von der Qualität der zugrundeliegenden Daten abhängt. Data Governance erweist sich hierbei als zentrale Voraussetzung: Nur durch die Festlegung klarer Verantwortlichkeiten, verbindlicher Prozesse und integrierter technischer Systeme können ESG-Daten in einer Weise erhoben, verarbeitet und geprüft werden, die regulatorischen Anforderungen genügt und zugleich institutionelles Vertrauen schafft.

Governance-Strukturen stellen damit nicht lediglich ein Mittel zur Erfüllung rechtlicher Pflichten dar, sondern auch einen entscheidenden Hebel für die operative Handlungsfähigkeit von Unternehmen. Unternehmen, die ESG-Daten nicht nur als Pflichterfüllung verstehen, sondern als Ressource für Steuerung, Innovation und organisatorische Resilienz einsetzen, sind in der Lage, ökologische und soziale Zielsetzungen gezielt zu operationalisieren und ihre Wettbewerbsfähigkeit im europäischen Binnenmarkt nachhaltig zu sichern. Damit wird deutlich, dass die Richtlinie zwar einen erheblichen regulatorischen Anpassungsdruck erzeugt, zugleich aber auch Impulse für unternehmerische Transformation und strategische Weiterentwicklung bereitstellt.

Im Ergebnis lässt sich eine doppelte Funktion der CSRD konstatieren: Sie ist einerseits ein rechtliches Instrument der Regulierung, das Transparenz, Standardisierung und Verlässlichkeit sicherstellen soll. Andererseits fungiert sie als Impulsgeber für eine tiefgreifende Neuausrichtung unternehmerischer Steuerungslogiken. Ihr Potenzial liegt darin, Unternehmen von einer reinen Compliance-Orientierung hin zu aktiver Wertschöpfung zu führen – von Berichtspflicht zu Gestaltungsmacht und von Regulierungsdruck zu strategischem Potenzial.

---

[24] *Krasikov/Legner*, Communications of the Association for Information Systems 53 (2023). 173; *Wang/Teracino/Legner*, Towards data management for navigating the dynamic landscape of sustainability regulations and standards, in: Proceedings of the 45th International Conference on Information Systems (ICIS), Bangkok (2024) 11.

Literatur

Kolk, Sustainability, accountability and corporate governance: Exploring multinationals' reporting practices, Business Strategy and the Environment 17 (2008) 1.

Abraham/Schneider/vom Brocke, Data governance: A conceptual framework, structured review, and research agenda, International Journal of Information Management 49 (2019) 424.

Ackoff, From data to wisdom, Journal of Applied Systems Analysis 16 (1989) 3.

Hart/Dowell, A natural-resource-based view of the firm: Fifteen years after, Journal of Management 37 (2011) 1464.

Hörisch/Schaltegger/Freeman, Integrating stakeholder theory and sustainability accounting: A conceptual synthesis, J. Clean. Prod. 2020, 124097.

Khatri/Brown, Designing data governance, Communications of the ACM 53 (2010) 148.

Krasikov/Legner, Introducing a data perspective to sustainability: How companies develop data sourcing practices for sustainability initiatives, Communications of the Association for Information Systems 53 (2023) 162.

Püchel/Wang/Buhmann ea., On the pivotal role of data in sustainability transformations, Business & Information Systems Engineering 66 (2024) 831.

Schaltegger/Zvezdov, Gatekeepers of sustainability information: exploring the roles of accountants, Journal of Accounting & Organizational Change 11 (2015) 333.

Wang/Teracino/Legner, Towards data management for navigating the dynamic landscape of sustainability regulations and standards, in: Proceedings of the 45th International Conference on Information Systems (ICIS), Bangkok (2024).

Digitale Datennachhaltigkeit – Von Datenaltruismus zu Responsible AI

Sarah Rachut

Inhaltsverzeichnis

Zusammenfassung Dieser Beitrag widmet sich digitaler Datennachhaltigkeit als gemeinwohlorientiertem Ansatz, der ökologische, soziale und wirtschaftliche Nachhaltigkeitsziele im Rahmen der Digitalen Transformation miteinander verbindet. Im Mittelpunkt steht der Datenaltruismus als Instrument zur Förderung freiwilliger Datennutzung im Allgemeininteresse sowie dessen erstmalige Regulierung durch den Daten Governance-Act. Dabei zeigen sich erhebliche Spannungen zwischen dem Ziel umfassender Datennutzung und den datenschutzrechtlichen Vorgaben der DSGVO,

S. Rachut (✉)
Institut für Rechtswissenschaften, Technische Universität Braunschweig, Braunschweig, Deutschland
e-mail: sarah.rachut@tu-braunschweig.de

S. Martinetz und C. Wutscher (Hrsg.), *Digitale Nachhaltigkeit – Nachhaltige Digitalisierung,* https://doi.org/10.1007/978-3-662-73381-3_6

die durch den DGA nicht aufgelöst, sondern teilweise verschärft werden. Ergänzend analysiert der Beitrag die Konzepte von Responsible und Sustainable AI und deren begrenzte Berücksichtigung von Nachhaltigkeitsaspekten in der KI-VO. Insgesamt wird deutlich, dass digitale Datennachhaltigkeit bislang nur unzureichend regulatorisch ausgestaltet ist, jedoch ein erhebliches Potenzial für eine nachhaltige, gerechte und innovationsfördernde Daten- und KI-Governance birgt.

Schlüsselwörter Datennachhaltigkeit · Responsible AI · Digitalisierung · Datenaltruismus · KI-VO

1 Datennachhaltigkeit

Die Gestaltung der Digitalen Transformation, die Bewältigung des Klimawandels und die langfristige Sicherung des gesellschaftlichen und wirtschaftlichen Wohlstandes stellen zentrale globale Herausforderungen dar. Auf nationaler und unionaler Ebene gibt es daher aktuell vielfache Initiativen, die Lösungsansätze hierfür hervorbringen sollen und dabei die verschiedenen Nachhaltigkeitsdimensionen (ökologisch, sozial, wirtschaftlich) in den Blick nehmen. Immer häufiger werden diese unterschiedlichen Phänomene dabei gesamtheitlich betrachtet, um insbesondere datenbasierten Innovationsansätzen nachzugehen.

Die zunehmende Digitalisierung kann aufgrund des damit einhergehenden enormen Ressourcenbedarfs[1] zunächst als eine große Herausforderung für die (ökologische) Nachhaltigkeit gesehen werden, zugleich wird darin jedoch auch das Potenzial für ökologisch nachhaltigere Entscheidungen gesehen.[2] Ob Digitalisierung damit auf die Nachhaltigkeitsziele einzahlt oder das Gegenteil bewirkt, scheint daher von der konkreten Ausgestaltung abzuhängen. Vergleichbar zeigen sich die Auswirkungen der Digitalen Transformation auf die sozialen und die wirtschaftlichen Nachhaltigkeitsdimensionen.[3] So können digitale Technologien die chancengerechte Teilhabe fördern[4] und neue Geschäftsmodelle entstehen lassen[5] oder gegenteilig Personen

[1] *Martini/Haspinger*, NVwZ 2025, 738 mwN; *Alder/Ebert/Herbrich/Hacker*, EuCML 2025, 166.

[2] *Martini/Haspinger*, NVwZ 2025, 737 f. mwN; *Alder/Ebert/Herbrich/Hacker*, EuCML 2025, 166 mwN.

[3] Dies lässt sich etwa an entsprechenden KI-Indexen ablesen, vgl. *Blanke-Roeser*, KIR 2025, 48; zu den verschiedenen Nachhaltigkeitsdimensionen s. *Podszun/Rohner*, NJW 2024, 3018 f. mwN.

[4] Z. B. können vermehrt angebotene E-Prüfungen oder asynchrone Prüfungsformate Bildung für einen größeren Personenkreis zugänglich machen, vgl. *Rachut*, Grundrechtsverwirklichung in digitalen Kontexten (2025) 212 f.

[5] *Falck/Koenen*, Rohstoff „Daten“: Volkswirtschaftlicher Nutzen von Datenbereitstellung – eine Bestandsaufnahme.

und Gruppen exkludieren[6] und Machtkonzentrationen fördern. Längst ist das Thema Nachhaltigkeit mit all diesen Aspekten im Recht angekommen.[7]

Wendet man sich der digitalen Datennachhaltigkeit zu, so lässt sich diese als auf die Verwirklichung der drei Nachhaltigkeitsdimensionen (ökologisch, sozial, wirtschaftlich) gerichtete Digitalisierung verstehen und damit auch als gemeinwohlorientierte Digitalisierung begreifen. Diese hat zum einen das Ziel, die Datenverarbeitung zu Gemeinzwecken, mithin ökologischen, sozialen und ökonomischen Zwecken, zu fördern. Zum anderen wird dadurch ein möglichst nachhaltiger Ressourceneinsatz angestrebt, der in einem angemessenen Verhältnis zu den verfolgten Zielen steht. In Bezug auf digitale Datennachhaltigkeit gilt es daher zu fragen, wie Daten nachhaltig verarbeitet werden und dabei im besten Fall auf weitere Nachhaltigkeitsziele einzahlen können.

Konzepte wie Datenaltruismus sowie Responsible bzw. Sustainable AI setzen hier an.

2 Datenaltruismus

Die Idee des Datenaltruismus verfolgt das Ziel, Anreize für die freiwillige Datenbereitstellung zu setzen, um so weitere Potenziale der Datennutzung im Allgemeininteresse zu heben. Dies fügt sich in den Aufbau des geplanten europäischen Datenbinnenmarkts ein,[8] der den Weg für eine rechtssichere und mitgliedstaatenübergreifende Datennutzung ebnen soll, sodass darauf aufbauend wirtschaftliche und gemeinnützige Vorhaben realisiert werden können. Datenaltruismus ist damit eine Maßnahme, die zu mehr verfügbaren Daten und damit zu einem Mehr an Datenverarbeitung im Allgemeininteresse führen soll. Hierbei wird ein Potenzial gerade auch darin gesehen, einen möglichst großen Datenbestand aufzubauen, um z. B. mit Methoden des maschinellen Lernens neue Erkenntnisse erzielen zu können.[9]

2.1 Begriffliche Einordnung

Datenaltruismus greift auf den Begriff „Altruismus“ zurück und grenzt sich von anderen Datenverarbeitungsprozessen damit durch eine selbstlose Denk- und Handlungsweise bzw. Uneigennützigkeit[10] ab. Ebenso zeichnet sich der ähnliche und teils

[6] Siehe etwa in Hinblick auf aufgedrängtes E-Government *Rachut*, Grundrechtsverwirklichung 299 f.

[7] Vgl *Podszun/Rohner*, NJW 2024, 3017.

[8] KOM (2020) 66 endg.

[9] Vgl ErwGr 45 DGA 2018/1724/EU; *Savary* in Steinrötter Rn. 53.

[10] Duden 30.12.2025 <https://www.duden.de/rechtschreibung/Altruismus>; zur begrifflichen Einordnung ebenso *Heckmann* in Paschke/Rücker, DGA Art. 16 DGA Rn. 29.

synonym verwendete Begriff der „Datenspende" durch das Element der „Spende", also einer Gabe ohne Gegenleistung, durch eine gewisse Uneigennützigkeit aus.[11]

Im Rahmen von Datenaltruismus kann sich das altruistische Element auf die Bereitstellung der Daten, die anschließende Datenverarbeitung oder beides erstrecken und dabei sowohl personenbezogene als auch nicht-personenbezogene Daten umfassen.[12] Positivrechtlich wurde Datenaltruismus erstmals 2022 durch Kapitel IV des Data Governance Acts (DGA)[13] reguliert.

2.2 *Rechtliche Herausforderungen für Datenaltruismus*

Bereits vor Inkrafttreten des DGA stellte sich die Frage nach der rechtlichen Zulässigkeit datenaltruistischer Vorhaben. Wie auch bei anderen Datenverarbeitungen richtet sich dies primär nach den konkret verarbeiteten Daten. Während nicht-personenbezogene Daten z. B. dem Geschäftsgeheimnisschutz unterfallen können, ergeben sich die rechtlichen Vorgaben bzgl. der (datenaltruistischen) Verarbeitung personenbezogener Daten aus der DSGVO. Herausforderungen entstehen hierbei einerseits bei der Frage, auf welchen Rechtfertigungstatbestand (Art 6 Abs 1 DSGVO bzw. Art 9 Abs 2 DSGVO) die Datenverarbeitung gestützt werden kann. Andererseits existiert ein grundlegendes Spannungsverhältnis zwischen dem Ziel des Datenaltruismus und den allgemeinen Datenverarbeitungsgrundsätzen aus Art 5 DSGVO.

2.2.1 Rechtsgrundlage der Datenverarbeitung

Die DSGVO normiert für die Verarbeitung personenbezogener Daten ein Verbot mit Erlaubnisvorbehalt, sodass für jeden Verarbeitungsschritt – hierzu zählt bereits die Erhebung der Daten, Art 4 Nr 2 DSGVO – einer der Erlaubnistatbestände des Art 6 Abs 1 DSGVO (bzw. bei besonderen Kategorien personenbezogener Daten Art 9 Abs 2 DSGVO) einschlägig sein muss. Bei den verschiedenen denkbaren Konstellationen sind folgende Eckpunkte zu berücksichtigen:

1. Eine rechtliche Verpflichtung für Datenaltruismus (Datenbereitstellung oder Verarbeitung) besteht nicht und würde dem uneigennützigen Charakter widersprechen.

---

[11] Unterschiede werden indes in der weiteren Verarbeitung der bereitgestellten Daten gesehen. So ist bei der Datenspende die Uneigennützigkeit begrifflich auf die Datenbereitstellung begrenzt– die Daten könnten somit nicht nur für Zwecke im Allgemeinwohl verarbeitet werden. Der Begriff des Datenaltruismus geht darüber hinaus, wenn er auch die altruistische Datenverarbeitung umfasst, *von Hagen/Völzmann*, MMR 2022, 176; *Schildbach,* ZD 2022, 151; vgl *Lorenz,* AnwZert ITR 23/2022 Anm. 3.

[12] *Rachut*, ZD 2024, 249.

[13] VO (EU) 2022/868 oder Daten-Governance-Rechtsakt.

2. In bestimmten Fällen kann auf eine altruistische Datenbereitstellung eine Datenverarbeitung folgen, die auf Art 6 Abs 2 lit d DSGVO (Schutz lebenswichtiger Interessen) oder Art 6 Abs 2 lit e DSGVO (Wahrnehmung einer Aufgabe im öffentlichen Interesse) gestützt wird.
3. Der freiwilligen Einwilligung gem. Art 6 Abs 1 lit a bzw. Art 9 Abs 2 lit a DSGVO kommt in datenaltruistischen Kontexten die größte Bedeutung zu.

Soll die datenaltruistische Verarbeitung auf eine Einwilligung gestützt werden, so zeigen sich auch hier verschiedene rechtliche Herausforderungen, die im Wesentlichen auf den unbestimmten bzw. sich ändernden Verarbeitungszweck zurückzuführen sind: Die Einwilligung muss für einen oder mehrere bestimmte Zwecke sowie freiwillig, in informierter Weise und unmissverständlich erfolgen, Art 4 Nr 11, Art 6 Abs 1 lit a, Art 7 Abs 1 DSGVO.[14] Die diesbezüglichen Informationspflichten bestimmen Art 13 und 14 DSGVO näher. Außerdem stehen den Betroffenen die Rechte aus Art 15 ff. DSGVO zu. Hinzu kommt, dass die Einwilligung jederzeit gem. Art 7 Abs 3 DSGVO mit Wirkung für die Zukunft widerrufen werden kann, was die Unzulässigkeit der weiteren Verarbeitung der personenbezogenen Daten zur Folge hätte. Entsprechend müsste bei einer datenaltruistischen Verarbeitung eine entsprechende Daten-Governance vorgehalten werden, um die vom Widerruf betroffenen Daten von der weiteren Verarbeitung ausnehmen und ebenso löschen zu können.[15]

2.2.2 Allgemeine Datenverarbeitungsgrundsätze

Das Ziel datenaltruistischer Verarbeitung, möglichst viele (personenbezogene) Daten nutzbar zu machen, steht in einem direkten Spannungsverhältnis zu den in Art 5 DSGVO normierten Grundsätzen der Zweckbindung, Datenminimierung und Speicherbegrenzung.[16]

So sieht Art 5 Abs 1 lit b DSGVO vor, dass eine Verarbeitung jeweils nur für festgelegte, eindeutige und legitime Zwecke erfolgen darf. Werden personenbezogene Daten jedoch für gemeinnützige Zwecke bereitgestellt, ist mitunter noch gar nicht absehbar, welche konkreten Zwecke eine anschließende Datenverarbeitung verfolgen könnte.[17] Diesbezüglich bestehen gem. Art 5 lit b Halbsatz 2 DSGVO zwar gewisse Privilegierungen für im öffentlichen Interesse liegende Archivzwecke, für wissenschaftliche oder historische Forschungszwecke sowie für statistische Zwecke, diese decken jedoch nicht das komplette Spektrum datenaltruistischer Verarbeitungsmöglichkeiten ab.[18] Darüber hinaus bestehen weiterhin Unsicherheiten darüber, wie eine

---

[14] Vgl hierzu auch die ErwGr 32, 42, 43 DSGVO 95/46/EG; *Heckmann/Paschke* in Ehmann/Selmayr DSGVO BDSG, Art 7 DSGVO Rn 33 ff.

[15] *Rachut*, ZD 2024, 251.

[16] *Heckmann* in Paschke/Rücker, Art 16 DGA Rn 79 ff.; *Rachut*, ZD 2024, 251.

[17] *Von Hagen/Völzmann*, MMR 2022, 177; *Rachut*, ZD 2024, 251; siehe hierzu auch ErwGr 45 DGA 2018/1724/EU.

[18] *Rachut*, ZD 2024, 251.

ausreichend konkrete Zweckeingrenzung für selbst diese privilegierten Fälle aussehen soll. So ist etwa die unspezifische Erteilung der Einwilligung für „Ziele von allgemeinem Interesse" unzulässig.[19] Auch weitere Konzepte wie „broad consent" oder „dynamic consent"[20] sind bisher noch nicht abschließend rechtlich beurteilt.[21]

Weiter kommt es zu Konflikten mit den Grundsätzen der Datenminimierung, Art 5 lit c DSGVO, und Speicherbegrenzung, Art 5 lit e DSGVO. Diese besagen, dass die Datenverarbeitung auf das für die Zweckverfolgung notwendige Maß beschränkt sein muss bzw. dass Daten nur so lange gespeichert werden dürfen, wie dies für die Zweckerreichung notwendig ist.[22] Jeweils wird hierbei das Bestehen eines bestimmten Zweckes vorausgesetzt, um als Maßstab für die Erfüllung der weiteren Grundsätze zu gelten.

2.2.3 Zwischenfazit

Eine datenaltruistische Bereitstellung sowie eine datenaltruistische (Weiter-) Verarbeitung sind grundsätzlich zulässig. Einer ausdrücklichen Rechtsgrundlage für Datenaltruismus bedarf es nicht, vielmehr richtet sich die Zulässigkeit nach den allgemeinen rechtlichen Vorgaben, insbesondere den datenschutzrechtlichen Bestimmungen. Herausforderungen und rechtliche Unsicherheiten können sich indes dann ergeben, wenn hierbei eine Verarbeitung von personenbezogenen Daten erfolgt.

2.3 Regulierungsbedarf und Regulierungspotentiale für Datenaltruismus

Ein Regulierungsbedarf für Datenaltruismus besteht daher nur insoweit, als dieser aus rechtspolitischen Erwägungen gefördert werden soll. Regulatorische Potenziale bestehen insbesondere mit Blick auf die bestehenden rechtlichen Unsicherheiten im Zusammenhang mit der Verarbeitung personenbezogener Daten.[23] Hier wären Privilegierungen datenaltruistischer Verarbeitungen,[24] z. B. durch eine eigene Rechtsgrundlage für die datenaltruistische (Weiter-)Verarbeitung, erleichterte Anforderungen an die Einwilligung, die Möglichkeit eines Widerrufsverzichts in diesen Kontexten oder die Ausnahme von bestimmten Pflichten (wie Informations-,

---

[19] Vgl ErwGr 33 DSGVO 95/46/EG sowie EDSA/EDSB, Gemeinsame SN 3/2021, Rn 170 mwN.

[20] *Martini/Hohmann*, NJW 2020, 3575.

[21] Ähnlich *Heckmann* in Paschke/Rücker, Art. 16 DGA Rn 14 ff., 82 ff.; *Bronner/Wiedemann*, ZD 2023, 80 f.; *von Hagen/Völzmann*, MMR 2022, 178.

[22] *Rachut*, ZD 2024, 251.

[23] Zu den verpassten Chancen durch die Regulierung im DGA *Rachut*, ZD 2024, 252 f.

[24] Umfassend hier zu *Veil*, Datenaltruismus: Wie die EU-Kommission eine gute Idee versemmelt, 01.12.2020 <https://www.cr-online.de/blog/2020/12/01/datenaltruismus-wie-die-eu-kommission-eine-gute-idee-versemmelt/>.

Dokumentations-, Löschpflichten) möglich. Ebenso könnte eine regulatorische Klarstellung hinsichtlich der Reichweite der bestehenden Privilegierungen und der diesbezüglichen Auswirkungen auf z. B. den Zweckbindungsgrundsatz erfolgen.

2.4 Regulierung von Datenaltruismus durch den Data Governance Act

Mit dem DGA hat sich der unionale Normgeber erstmals dem Thema Datenaltruismus angenommen und verfolgt damit das Ziel „zur Entstehung von ausreichend großen Datenbeständen beizutragen, […] um Datenanalysen und maschinelles Lernen auch grenzüberschreitend in der Union [zu] ermöglichen.“[25] Dabei setzt die EU durch die Etablierung der „in der Europäischen Union anerkannten datenaltruistischen Organisationen“ insbesondere auf Vertrauensaufbau sowie die Möglichkeiten, den Mitgliedstaaten Handlungsräume für Datenaltruismus fördernde Maßnahmen aufzeigen.[26]

Angesichts der oben aufgezeigten Regulierungspotentiale sind insbesondere die Begriffsbestimmung von „Datenaltruismus“ iSd DGA sowie die konkrete Ausgestaltung im Zusammenspiel mit der DSGVO von Relevanz.

2.4.1 Begriffsdefinition „Datenaltruismus“ im DGA

„Datenaltruismus“ unter dem DGA umfasst gem. Art 2 Nr 16 DGA „die freiwillige gemeinsame Nutzung von Daten auf der Grundlage der Einwilligung betroffener Personen zur Verarbeitung der sie betreffenden personenbezogenen Daten oder einer Erlaubnis anderer Dateninhaber zur Nutzung ihrer nicht personenbezogenen Daten, ohne hierfür ein Entgelt zu fordern oder zu erhalten, das über eine Entschädigung für die ihnen durch die Bereitstellung ihrer Daten entstandenen Kosten hinausgeht, für Ziele von allgemeinem Interesse gemäß dem nationalen Recht, wie die Gesundheitsversorgung, die Bekämpfung des Klimawandels, die Verbesserung der Mobilität, die einfachere Entwicklung, Erstellung und Verbreitung amtlicher Statistiken, die Verbesserung der Erbringung öffentlicher Dienstleistungen, die staatliche Entscheidungsfindung oder die wissenschaftliche Forschung im allgemeinen Interesse“.

Diese Definition[27] deckt sich insoweit mit der obigen begrifflichen Einordnung, als dass die Verarbeitung von personenbezogenen als auch nicht personenbezogenen Daten im Kontext von Datenaltruismus eingeschlossen werden und eine Vielzahl

---

[25] ErwGr 45 DGA 2018/1724/EU.

[26] Vgl ErwGr 45, 46 DGA 2018/1724/EU.

[27] Ausführlich hierzu *Heckmann* in Paschke/Rücker, Art 16 DGA Rn 29 ff.

von altruistischen Zwecken umfasst sind.[28] Die in der Definition aufgezählten altruistischen Verarbeitungszwecke gehen dabei über die DSGVO privilegierten Verarbeitungszwecke hinaus.[29] Hinsichtlich der datenschutzrechtlichen Einwilligung als einzig zulässige Möglichkeit, personenbezogene Daten für Datenaltruismus unter dem DGA zu verarbeiten, verweist Art 2 Nr 5 DGA auf die Bestimmungen der DSGVO (konkret Art 4 Nr 11 DSGVO). Mit den zwingenden Tatbestandsmerkmalen der Freiwilligkeit und Unentgeltlichkeit wird der Anwendungsbereich indes eingeschränkt.[30] Darüber hinaus ergibt sich aus Art 18 lit c DGA, dass die datenaltruistische Verarbeitung (d. h. die Tätigkeit der anerkannten datenaltruistischen Organisationen) ohne Erwerbszweck erfolgen muss. Eine datenaltruistische Tätigkeit iSd DGA kann daher nicht mit einer auf Gewinn gerichteten Tätigkeit verbunden werden.[31]

Eine zentrale Rolle kommt den durch den DGA geregelten „in der EU anerkannten datenaltruistischen Organisationen“ zu. Diese sind solche gemeinnützigen Organisationen, die die Datenverarbeitung im Gemeininteresse durchführen und den Regelungen des Art 17 ff. DGA unterliegen. Anerkannte datenaltruistische Organisationen dürfen neben der Bezeichnung auch ein entsprechendes Logo führen und werden in nationale sowie ein EU-Register eingetragen. Hierdurch soll das Vertrauen in die Tätigkeit dieser Organisationen gestärkt und damit Datenaltruismus insgesamt gefördert werden. Kritisiert wird indes, dass der DGA keine Erleichterungen für anerkannte datenaltruistische Organisationen vorsehen, sondern diesen vielmehr ergänzende Pflichten auferlegt, die mit einer gemeinnützigen Tätigkeit kaum vereinbar scheinen und daher keinen Anreiz dafür bieten, sich als anerkannte Organisation registrieren zu lassen.[32] Angesichts dessen, dass 2025 EU-weit erst die zweite datenaltruistische Organisation in das Register eingetragen worden ist,[33] scheint die Kritik berechtigt.

2.4.2 Verhältnis von DSGVO und DGA

Die Herausforderungen aus dem Spannungsfeld möglichst umfassender Datennutzung im Allgemeininteresse und einer möglichst sparsamen Datenverarbeitung zum

---

[28] *Hennemann* in Specht/Hennemann, DA/DGA Art 16 DGA Rn 9 ff.

[29] Vgl *Heckmann* in Paschke/Rücker, Art 16 DGA Rn 15.

[30] *Rachut,* ZD 2024, 249; bzgl der Anforderungen, die für die Freiwilligkeit der gemeinsamen Nutzung gelten sollen, macht der DGA keine weiteren Vorgaben, schließt aber zumindest jegliche Verpflichtung zur Datenpreisgabe aus, siehe*Specht-Riemenschneider* in Specht/Hennemann, Art 2 DGA Rn 97; *Heckmann* in Paschke/Rücker, Art 16 DGA Rn 35.

[31] *Paschke* in Paschke/Rücker, Art 18 DGA Rn 36 ff.

[32] *Rachut*, ZD 2024, 252 f.; *Veil*, Datenaltruismus: Wie die EU-Kommission eine gute Idee versemmelt, 01.12.2020 <https://www.cr-online.de/blog/2020/12/01/datenaltruismus-wie-die-eu-kommission-eine-gute-idee-versemmelt/>.

[33] EU-Register der anerkannten datenaltruistischen Organisationen, 30.12.2025 <https://digital-strategy.ec.europa.eu/de/policies/data-altruism-organisations>.

Schutz der Individualinteressen wurden auch durch den unionalen Normgeber erkannt.[34] Nichtsdestotrotz hat er es versäumt, dieses aufzulösen. Vielmehr normiert Art 1 Abs 3 S. 1–3 DGA zunächst, dass (1) die unionalen sowie nationalen Bestimmungen über den Schutz personenbezogener Daten für alle personenbezogenen Daten, die im Zusammenhang mit dem DGA verarbeitet werden, gelten, (2) insbesondere die DSGVO „unbeschadet" des DGA gilt, sowie, (3) im Konfliktfall die DSGVO Vorrang gegenüber den Vorgaben des DGA haben soll. Ergänzend enthält ErwGr 4 die Angaben, dass der DGA die Regelungen der DSGVO „unberührt lassen" soll. Auch wenn diese Abgrenzung auf den ersten Blick eindeutig erscheint, so zeigen sich die Schwierigkeiten in der praktischen Vereinbarkeit der beiden Rechtsakte.[35] Denn der DGA enthält in Bezug auf die Verarbeitung personenbezogener Daten durch die datenaltruistischen Organisationen u. a. Regelungen über die Einwilligung, Widerrufsmöglichkeiten und IT-Sicherheit. Diese überschneiden sich mit den Vorgaben der DSGVO, weichen im Wortlaut jedoch davon ab und gehen teils darüber hinaus. So stellt sich jeweils die Frage, ob der Normgeber „bewusst von den Vorgaben der DSGVO abgewichen ist und dadurch speziellere Regelungen für Datenaltruismus setzen wollte, eine unbeabsichtigte und damit irrelevante Falschbezeichnung vorliegt, oder eine Konfliktlage zwischen DGA und DSGVO besteht, sodass die Regelungen der DSGVO gem. Art 1 Abs 3 S. 3 DGA Vorrang hätten."[36]

Schwierigkeiten können sich außerdem immer dann ergeben, wenn ein Verarbeitungszweck zwar altruistisch iSd DGA ist, nicht jedoch durch die DSGVO privilegiert wird, sodass sich unterschiedliche datenschutzrechtliche Voraussetzungen für die datenaltruistische Tätigkeit ergeben können.[37]

2.4.3 Keine Rechtsgrundlage für Datenverarbeitung

Darüber hinaus wird in Art 1 Abs 3 S. 4 DGA und ErwGr 4 Satz 2 klargestellt, dass durch den DGA keine eigene bzw. neue Rechtsgrundlage für die Verarbeitung von personenbezogenen Daten geschaffen wird, sodass weiterhin einer der Erlaubnistatbestände des Art 6 Abs 1 bzw. Art 9 Abs 2 DSGVO einschlägig sein muss.

---

[34] Dies zeigen etwa die Begründung zu Art 25 DGA vgl *Rachut* in Paschke/Rücker, Art 25 DGA Rn 1.

[35] Ausführlich hierzu *Heckmann* in Paschke/Rücker, Art 16 DGA Rn 10 ff.; *Schreiber/Pommerening/Schoel*, Der neue DGA § 1 Rn 28; *Veil*, Data Governance Act III: Datenaltruismus, 28.10.2021 <https://www.cr-online.de/blog/2021/10/28/data-governance-act-iii-datenaltruismus/>.

[36] *Rachut*, ZD 2024, 250.

[37] *Rachut*, ZD 2024, 251.

2.4.4 Keine Privilegierungen – Pflichten der datenaltruistischen Organisationen

Anders als man zunächst annehmen würde, sieht der DGA für die in der EU anerkannten datenaltruistischen Organisationen keinerlei Privilegierungen oder Erleichterung bestehender Pflichten vor. Stattdessen werden durch den DGA weitere Vorgaben eingeführt, die durch die datenaltruistischen Organisationen zusätzlich zu erfüllen sind.[38] Hierzu zählen etwa die gem. Art 20 DGA zu erfüllenden Transparenzpflichten, die u. a. die Erstellung eines jährlichen Tätigkeitsberichts (Art 20 Abs 2 DGA) umfassen. Oder die weiteren Vorgaben zum Schutz der Rechte und Interessen betroffener Personen und Dateninhaber im Hinblick auf ihre Daten gem Art 21 DGA.

Hinzu kommt, dass der DGA im Zusammenspiel mit der DSGVO punktuell über die dort normierten datenschutzrechtlichen Bestimmungen hinausgeht und so den Aufwand und die bürokratischen Lasten für die gemeinnützig tätigen datenaltruistischen Organisationen weiter erhöht. Dies zeigt sich etwa im Vergleich von Art 7 Abs 3 Satz 4 DSGVO und Art 21 Abs 3 DGA. Während die DSGVO lediglich bestimmt, dass ein Widerruf der erteilten Einwilligung so einfach wie die Erteilung der Einwilligung möglich sein muss, normiert der DGA, dass die datenaltruistischen Organisationen Werkzeuge zur Einholung der Einwilligung und ebenso zum einfachen Widerruf dieser zur Verfügung stellen müssen. Die Vorgabe, dass die Einwilligung die einzige Möglichkeit zur datenaltruistischen Verarbeitung iSd DGA ist, hat außerdem zur Folge, dass bei einem Widerruf oder einer unwirksamen Einwilligung ein Berufen auf einen anderen Verarbeitungsgrund ausgeschlossen ist.[39]

Der Anreiz, sich als datenaltruistische Organisation registrieren zu lassen, soll vor allem in der damit verbundenen vertrauensstiftenden Wirkung liegen.[40]

2.4.5 Europäisches Einwilligungsformular für Datenaltruismus

Vereinzelt sind dennoch Bestrebungen des unionalen Normgebers erkennbar, die datenaltruistischen Organisationen zu unterstützen bzw. zu entlasten. Hierzu zählt die geplante Einführung eines europäischen Einwilligungsformulars für Datenaltruismus, Art 25 DGA, dass das Einholen von datenschutzrechtlichen Einwilligungen in allen Mitgliedstaaten in einem einheitlichen Format ermöglichen soll, Art 25 Abs 1 Satz 1 und 2, Abs 3 DGA. Entgegen der Bezeichnung als „Einwilligungsformular" soll dieses nicht nur die Einwilligung für die Verarbeitung personenbezogener Daten umfassen, sondern ebenso für die Einholung der Erlaubnis zur Verarbeitung nicht personenbezogener Daten gelten. In diesem Fall ist zu berücksichtigen, dass

[38] *Rachut*, ZD 2024, 252; *Steinrötter*, DuD 2021, 796.

[39] Zum – allg. kritischen – Austausch von Verarbeitungsgrundlagen *Schulz* in Gola/Heckmann, DSGVO BDSG Art 6 DSGVO Rn 11 ff.

[40] Vgl ErwGr 43, 46, 47, 52 DGA2018/1724/EU; *Rachut*, ZD 2024, 249.

sich die rechtlichen Anforderungen an diese Erlaubnis – mangels Anwendbarkeit – nicht aus der DSGVO, sondern ausschließlich aus dem DGA ergeben. Darüber hinaus ist zu berücksichtigen, dass die Verwendung des Formulars keine Fiktion oder Vermutungswirkung für die Rechtmäßigkeit der Einwilligung auslöst.[41]

Das Formular soll von der Kommission nach Konsultation des Europäischen Datenschutzausschusses und unter Berücksichtigung der Empfehlungen weiterer Interessenträger erlassen werden und war ursprünglich für das dritte Quartal 2024 angekündigt. Derzeit befindet sich das Vorhaben weiter im Abstimmungsprozess, eine Entwurfsfassung liegt noch nicht vor.[42]

Kritik rief indes die Konzeption sowie die unzureichende Einbindung der für die Einhaltung der datenschutzrechtlichen Bestimmungen zuständigen Stellen hervor.[43] Eine schnelle und einfache Lösung für die komplexe Einwilligungsproblematik im Kontext von Datenaltruismus ist daher selbst bei Vorliegen des Europäischen Einwilligungsformulars für Datenaltruismus nicht absehbar.

2.4.6 Ergänzendes Regelwerk der Kommission

Weiter sieht der DGA in Art 22 vor, dass durch die EU-Kommission ein ergänzendes Regelwerk erlassen wird, das die Vorgaben aus Kapitel IV des DGA konkretisiert. Hierzu sollen Regelungen über die angemessenen Informationsanforderungen (Art 22 Abs 1 lit a DGA), die geeigneten technischen Anforderungen und Sicherheitsanforderungen (Art 22 Abs 1 lit b DGA), Kommunikationsfahrpläne (Art 22 Abs 1 lit c DGA) sowie Empfehlungen zu einschlägigen Interoperabilitätsnormen (Art. 22 Abs. 1 lit d DGA) zählen. Diese Vorgaben könnten die Anforderungen an die datenaltruistischen Organisationen einerseits weiter erhöhen,[44] jedoch auch punktuell zur rechtlichen Klarheit beitragen.

Das diesbezügliche Vorhaben der Kommission („Regelwerk für Organisationen für die Erhebung von Daten im allgemeinen Interesse“) wurde indes am 20.05.2025 verworfen,[45] sodass mit keinem ergänzenden Regelwerk iSd Art 22 DGA zu rechnen ist.

---

[41] *Rachut* in Paschke/Rücker, Art 25 DGA Rn 70.

[42] Data altruism – consent form for collecting data in the general interest, 30.12.2025<https://ec.europa.eu/info/law/better-regulation/have-your-say/initiatives/14095-Data-altruism-consent-form-for-collecting-data-in-the-general-interest_en>.

[43] *Rachut*, ZD 2024, 252.

[44] Siehe zur Kritik bzgl dessen Erforderlichkeit und Zweckmäßigkeit *Tolks*, MMR 2022, 448.

[45] Data altruism – consent form for collecting data in the general interest, 30.12.2025<https://ec.europa.eu/info/law/better-regulation/have-your-say/initiatives/14094-Datenaltruismus-Regelwerk-fur-Organisationen-fur-die-Erhebung-von-Daten-im-allgemeinen-Interesse_de>.

2.4.7 Zwischenergebnis

Die Idee des Datenaltruismus, Personen zum Teilen von personenbezogenen und nicht-personenbezogenen Daten zu motivieren, um dadurch Datenverarbeitung im Gemeininteresse zu ermöglichen, mithin den vielbenannten „Datenschatz“ für die Gesellschaft zu heben, ist auf EU-Ebene angekommen und soll zum Aufbau des Datenbinnenraumes beitragen. Jedoch ist die erstmalige Regulierung durch den DGA missglückt[46]: Eine datenaltruistische Betätigung war bereits vor dem DGA möglich und rechtlich zulässig. Die bestehenden rechtlichen Herausforderungen und etwaige zuvor in der Literatur geäußerte Incentivierungen wurden indes ignoriert. Durch eine darüber hinaus legistisch suboptimale Ausgestaltung der Verordnung[47] wurden die rechtlichen Unsicherheiten vielmehr verschärft. Dies spiegelt sich auch in der Anzahl der bestehenden anerkannten datenaltruistischen Organisationen wider. Ob der von der EU angestrebte Vertrauensaufbau damit vorangetrieben wird, ist fraglich.

3 Responsible AI und Sustainable AI

Anders als Datenaltruismus sind die Konzepte von Responsible und Sustainable AI bisher nicht dezidiert geregelt. Sie widmen sich dem verantwortungsbewussten Umgang mit und dem Einsatz von Künstlicher Intelligenz, einer Technologie, die sich durch die Verarbeitung besonders großer Datenmengen und damit auch einen besonders hohen Ressourcenbedarf auszeichnet.[48] Mit ihrem disruptiven Potenzial wirkt sie sich ebenso auf die sozialen und wirtschaftlichen Gegebenheiten aus, sodass der Frage, wie sich die Potenziale dieser Technologie auf dem Weg in eine nachhaltige Zukunft optimal entfalten und zugleich die Risiken für Umwelt und Klima wirksam eingedämmt werden können,[49] im Kontext einer digitalen (Daten-) Nachhaltigkeit große Bedeutung zukommt. Auch wenn sich in der KI-VO[50] bereits einige Ansatzpunkte finden, die solche Nachhaltigkeitsaspekte berücksichtigen, müssen sich die Konzepte dem Verdacht des Green oder Ethics Washing aussetzen.[51]

---

[46] *Rachut*, ZD 2024, 252 f.; *Schildbach*, ZD 2022, 151 f.; *Steinrötter*, ZD 2021, 62; *Veil*, DGA is Dada, 07.12.2021 <https://www.cr-online.de/blog/2021/12/07/dga-is-dada/>; *Veil*, Datenaltruismus: Wie die EU-Kommission eine gute Idee versemmelt, 01.12.2021 <https://www.cr-online.de/blog/2020/12/01/datenaltruismus-wie-die-eu-kommission-eine-gute-idee-versemmelt/>; *Hennemann* in Specht/Hennemann, Art 16 DGA Rn 22 ff.; *Rachut* in Paschke/Rücker, Art 22 DGA Rn 3 ff.

[47] Im Detail zu den handwerklichen Mängeln siehe *Rachut* in Paschke/Rücker, Art 22 DGA Rn 20, Art 23 DGA Rn 4 ff., Art 24 DGA Rn 2.

[48] Die Nutzung von KI zeichnet sich durch einen besonders hohen Ressourcenbedarf (Energie, Wasser) sowie großen CO2-Abdruck aus, vgl *Martini/Haspinger*, NVwZ 2025, 738 mwN.

[49] *Martini/Haspinger*, NVwZ 2025, 738 f.

[50] KI-Verordnung VO (EU) 2024/1689.

[51] Siehe hierzu *Schemmer*, BKR 2025, 823, 825 f.; *Wagner* 05.12.2023, Daten und Werte: Ethics-Washing und die Regulierung Künstlicher Intelligenz <https://verfassungsblog.de/daten-und-werte/>;*Ruschemeier/Mühlhoff* 15.12.2023, Daten, Werte und der KI-VO: Warum wir mehr

3.1 *Begriffliche Einordnung*

Unter den Begriffen von „Responsible AI“ und „Sustainable AI“ werden Ideen und Vorschläge für verantwortungsvolle bzw. nachhaltige Künstliche Intelligenz zusammengefasst. Diese können sich sowohl auf die KI-Entwicklung als auch auf den KI-Einsatz beziehen und die gezielte Verwendung dieser Technologie zur Ausschöpfung von bisher nicht genutzten Nachhaltigkeitspotentialen[52] oder die nachhaltige Benutzung dieser Technologie zum Gegenstand haben.

Eine klare Eingrenzung der Begriffe lässt sich indes bisher nicht erkennen, vielmehr kommt es zwischen den beiden Ansätzen sowie zu weiteren Regulierungskonzepten, wie z. B. „Green-AI“,[53] zu vielfachen Überschneidungen.

3.2 *Nachhaltigkeitsvorgaben durch die KI-VO*

Vorrangiges Ziel der KI-VO ist es, den Binnenmarkt zu stärken und dabei Innovationen zu fördern und zu ermöglichen, die im Einklang mit den Werten der Union stehen.[54] Durch „menschenzentrierte“ und „vertrauenswürdige“ KI-Systeme soll ein hohes Schutzniveau in Bezug auf Gesundheit, Sicherheit und die in der EU-GrCh verankerten Grundrechte sowie Demokratie, Rechtsstaatlichkeit und Umweltschutz sichergestellt werden. Dabei verfolgt die Verordnung einen risikobasierten und abgestuften Regulierungsansatz, wobei der Schwerpunkt auf den Vorgaben für Hochrisiko-KI-Systeme iSd Art 6 KI-VO liegt. In diesem Zusammenhang fällt auf, dass ökologische Nachhaltigkeitsaspekte bei der Zuordnung zu den verschiedenen Risikogruppen nicht herangezogen werden.[55] Umstände, die sich auf die soziale Nachhaltigkeit beziehen – etwa der Zugang zu Bildung und Beruf –, werden hingegen berücksichtigt,[56] Art 6 Abs 2 iVm Anhang III KI-VO.

Bezugspunkte zu Nachhaltigkeitsaspekten finden sich indes prominent in Art 1 Abs 1 KI-VO und insbesondere in den Erwägungsgründen. Hierbei wird Nachhaltigkeit als ein Aspekt von vertrauenswürdiger KI verstanden. So greift ErwGr 27 auf die Ethikleitlinien für vertrauenswürdige KI aus dem Jahr 2019 der von der Kommission eingesetzten unabhängigen hochrangigen Expertengruppe für künstliche Intelligenz zurück. Diese umfassen sieben unverbindliche ethische Grundsätze für KI und sollen einen vertrauenswürdigen und ethisch vertretbaren KI-Einsatz in

---

Ethik für bessere KI-Regulierung brauchen <https://verfassungsblog.de/daten-werte-und-der-ai-act/>.

[52] Siehe hierzu in Bezug auf die ökologische Nachhaltigkeit *Martini/Haspinger*, NVwZ 2025, 737.

[53] Vgl *Martini/Haspinger*, NVwZ 2025, 738.

[54] ErwGr 1 Satz 1 KI-VO 2024/1689/EU.

[55] Ebenso *Martini/Haspinger*, NVwZ 2025, 739.

[56] Art 6 Abs 2 iVm Anhang III KI-VO.

der EU gewährleisten. Die Grundsätze zeigen auf, dass KI sich sowohl positiv als auch negativ auf Mensch und Gesellschaft auswirken kann und umfassen[57]:

1. **Vorrang menschlichen Handelns und menschlicher Aufsicht**: KI soll die menschliche Autonomie und menschliche Entscheidungsfindung unterstützen. Hierzu sei es erforderlich, dass Menschen die Funktionsweise von KI hinreichend verstünden und über das notwendige Wissen und die Mittel verfügen, um mit einem KI-System interagieren, dieses angemessen bewerten oder sich ihm entgegenstellen zu können. Durch eine menschliche Aufsicht soll wiederum sichergestellt werden, dass KI die menschliche Autonomie nicht untergräbt oder sich anderweitig nachteilig auswirkt. Eine solchen Aufsicht kann durch Lenkungs- und Kontrollmechanismen, wie die interaktive Einbindung eines Menschen, die Überprüfung und Kontrolle durch einen Menschen oder durch die Gesamtsteuerung durch einen Menschen sichergestellt werden
2. **Technische Robustheit und Sicherheit**: Dies umfasst die Widerstandsfähigkeit gegen Angriffe und Sicherheitsverletzungen, Auffangpläne sowie Präzision, Zuverlässigkeit und Reproduzierbarkeit der Ergebnisse.
3. **Privatsphäre und Daten-Governance**: Der Schutz der Privatsphäre soll über den gesamten Lebenszyklus gewährleistet werden. Dies umfasst auch den Aufbau und Erhalt eines entsprechenden Datenzugriffsmanagements (Daten-Governance).
4. **Transparenz**: Auch diese Anforderung erstreckt sich auf alle relevanten Komponenten eines KI-Systems (d. h. dessen Daten, das System an sich sowie die dazugehörigen Geschäftsmodelle) und soll die Rückverfolgbarkeit und die Erklärbarkeit umfassen. Weiter muss für die Nutzenden erkennbar sein, dass sie nicht mit einem Menschen, sondern mit einer KI-Anwendung kommunizieren.
5. **Vielfalt, Nichtdiskriminierung und Fairness**: Inklusion und Vielfalt sollen über den gesamten Lebenszyklus garantiert werden. Hierfür seien erkennbare Verzerrungen bereits auf Ebene der Trainingssätze zu eliminieren und bei der Entwicklung des KI-Systems zu berücksichtigen. Aufsichtsverfahren, durch die Zweck, Einschränkungen, Anforderungen und Entscheidungen des Systems klar und transparent analysiert und angegangen werden können, könnten zur Erfüllung dieses Grundsatzes beitragen. Weiter spricht sich die Hochrangige Expertengruppe für die Beschäftigung von Personen mit unterschiedlichen kulturellen Hinter-gründen, die aus verschiedenen Fachrichtungen stammen, aus, um zur Gewährleistung der Meinungsvielfalt beizutragen.
6. **Soziales und ökologisches Wohlergehen**: In diesem Grundsatz kommen zwei Nachhaltigkeitsdimensionen zum Ausdruck. Hierfür soll der Prozess von der Entwicklung, über die Einführung bis zur Nutzung inkl. der gesamten Lieferkette unter Nachhaltigkeitsgesichtspunkten bewertet und mögliche weniger umweltschädliche Optionen gewählt werden. Weiter sollen die möglichen Auswirkungen auf die soziale Handlungsfähigkeit, soziale Beziehungen und Bindungen sowie das körperliche und geistige Wohlergehen berücksichtigt werden. Hierbei sei es

[57] Unabhängige Hochrangige Expertengruppe für Künstliche Intelligenz, Ethik-Leitlinien für eine vertrauenswürdige KI, 2019,17 ff.

sinnvoll, nicht nur Folgen für den Einzelnen, sondern ebenso für die Gesellschaft in den Blick zu nehmen.

7. **Rechenschaftspflicht**: Der letzte Grundsatz thematisiert die Verantwortlichkeit für KI-Systeme und ihre Ergebnisse. Demnach soll eine Bewertung der KI-Systeme durch interne und externe Prüfer ermöglicht werden, wobei dies insbesondere für grundrechtssensible Anwendungen sowie hochriskante Anwendungen von Bedeutung sei.

Diese Grundsätze für menschenzentrierten und vertrauenswürdigen KI-Einsatz finden sich in unterschiedlich konkreten Entsprechungen auch im verfügenden Teil der Verordnung wieder. Hierzu zählen etwa Transparenzpflichten (Art 50 KI-VO) sowie die Pflichten im Zusammenhang mit Hochrisiko-KI (Art 9 ff. KI-VO), wie Vorgaben zum Risikomanagementsystem, zu Daten und Daten-Governance, zu technischer Dokumentation und Aufzeichnungen, der menschlichen Aufsicht oder Genauigkeit, Robustheit und Cybersicherheit. Ökologische Aspekte finden sich darüber hinaus mittelbar und unmittelbar etwa im Zusammenhang mit dem Risikomanagement (Art 9 Abs 2 lit b KI-VO), der Grundrechtefolgenabschätzung (Art 27 KI-VO) sowie in verschiedenen Vorgaben für Hochrisiko-KI,[58] wobei auch hier in der Fachliteratur Defizite und weitere Regelungspotentiale aufgezeigt werden.[59] Ein subjektives Recht auf „nachhaltige" oder „ökologische" KI besteht jedoch nicht.[60]

4 Fazit – Digitale Datennachhaltigkeit

Der Blick auf die verschiedenen Steuerungskonzepte für mehr Datennachhaltigkeit hat die Vielschichtigkeit dieser Thematik aufgezeigt. Dabei lässt sich festhalten, dass sich die Verarbeitung insbesondere großer Datenbestände negativ auf die Nachhaltigkeitsdimensionen auswirkt. Zugleich sind Daten jedoch eine wichtige Grundlage für nachhaltiges Handeln und können hierbei dazu führen, dass bisher unbekannte Zusammenhänge aufgedeckt und neue Nachhaltigkeitsstrategien entwickelt werden.

Das Beispiel Datenaltruismus hat gezeigt, dass die Potenziale von Datenverarbeitung im (nachhaltigen) Gemeininteresse zumindest im Ansatz gesehen, bisher jedoch nicht ausgeschöpft werden. Daher sind auch die hierzu bestehenden regulatorischen Vorgaben unzureichend. Ob und wie (daten)nachhaltig digitalisiert wird, hängt aktuell von den (vor allem wirtschaftlichen) Interessen Einzelner ab. So bietet Datenaltruismus die Chance für ein nachhaltigeres Datenökosystem und könnte dadurch zugleich zu mehr wissenschaftlicher Exzellenz, sozialer Gerechtigkeit und demokratischer Teilhabe beitragen.

Im Kontext von Künstlicher Intelligenz finden sich die verschiedenen Nachhaltigkeitsdimensionen zumindest mittelbar in den Vorgaben der KI-VO wieder. Ein

[58] Ausführlich hierzu *Martini/Haspinger*, NVwZ 2025, 740 ff.

[59] *Martini/Haspinger*, NVwZ 2025, 743 f.; *Alder/Ebert/Herbrich/Hacker*, EuCML 2025, 166 f.

[60] Ebenso *Martini/Haspinger*, NVwZ 2025, 739.

dezidiertes Zielbild, das einen verhältnismäßigen Ausgleich zwischen den sich teils widerstreitenden Nachhaltigkeitsinteressen herstellt, lässt sich indes nicht erkennen.

Digitale (Daten)Nachhaltigkeit steht damit noch ganz am Anfang. Langfristig bietet jedoch gerade das Zusammendenken von Digitaler Transformation und Datennachhaltigkeit das Potenzial, auch große Herausforderungen verhältnismäßig und im Allgemeininteresse aufzulösen.

Literatur

Alder/Ebert/Herbrich/Hacker, AI, Climate, and Transparency: Operationalising and Improving the AI Act, EuCML 2025, 166.

Bronner/Wiedemann, Rechtmäßigkeit der Datenverarbeitung bei wissenschaftlicher Forschung an staatlichen Hochschulen, ZD 2023, 77.

Falck, Oliver/Koenen, Johannes, Rohstoff „Daten“: Volkswirtschaftlicher Nutzen von Datenbereitstellung – eine Bestandsaufnahme (2020).

Heckmann in Paschke/Rücker (Hg), DGA (2023) Art. 16 DGA.

Heckmann/Paschke in Ehmann/Selmayr (Hg) DS-GVO BDSG (2024), Art. 7 DS-GVO Rn. 33 ff.

Hennemann in Specht/Hennemann (Hg), DA/DGA (2025) Art. 16 DGA.

Lorenz, Datenregulierung in der EU: Datenaltruismus im Sinne des Data-Governance-Acts, AnwZert ITR 23/2022.

Martini/Haspinger, Die KI-VO im Umwelt-Check – Rückenwind für eine grüne Zukunft?, NVwZ 2025, 737.

Martini/Hohmann, Der gläserne Patient: Dystopie oder Zukunftsrealität?, NJW 2020, 3573.

Podszun/Rohner, Nachhaltigkeit im Recht, NJW 2024, 3017.

Rachut, Grundrechtsverwirklichung in digitalen Kontexten (2025).

Rachut, Datenaltruismus unter dem Data Governance Act, ZD 2024, 248.

Rachut in Paschke/Rücker (Hg), DGA (2024) Art 22 DGA.

Rachut in Paschke/Rücker (Hg), DGA (2024) Art 23 DGA.

Rachut in Paschke/Rücker (Hg), DGA (2024) Art 24 DGA.

Ruschemeier/Mühlhoff 15.12.2023, Daten, Werte und der AI Act: Warum wir mehr Ethik für bessere KI-Regulierung brauchen <https://verfassungsblog.de/daten-werte-und-der-ai-act/>.

Savary, § 19 Plattformspezifische Vorgaben des Data Governance Acts, in Steinrötter (Hg), Europäische Plattformregulierung (2023).

Schildbach, Zugang zu Daten der öffentlichen Hand und Datenaltruismus nach dem Entwurf des Daten-Governance-Gesetzes, ZD 2022, 148.

Schreiber/Pommerening/Schoel, Der neue DGA (2023), § 1.

Schemmer, Klimabedingte Rechtsrisiken, BKR 2025, 823.

Schulz in Gola/Heckmann (Hg), DSGVO BDSG (2022) Art 6 DSGVO.

Steinrötter, Das Konzept einer datenaltruistischen Organisation, DuD 2021, 796.

Tolks, Die finale Fassung des Data Governance Act, MMR 2022, 444.

Unabhängige Hochrangige Expertengruppe für Künstliche Intelligenz, Ethik-Leitlinien für eine vertrauenswürdige KI, 2019.

Veil, Datenaltruismus: Wie die EU-Kommission eine gute Idee versemmelt, CR-Blog v. 1.12.2020 <https://www.cr-online.de/blog/2020/12/01/datenaltruismus-wie-die-eu-kommission-eine-gute-idee-versemmelt/>.

von Hagen/Völzmann, Datenaltruismus aus datenschutzrechtlicher Perspektive, MMR 2022, 176.

Wagner 05.12.2023, Daten und Werte: Ethics-Washing und die Regulierung Künstlicher Intelligenz <https://verfassungsblog.de/daten-und-werte/>.

Finanzierung der grünen und digitalen Transformation

Philipp Fidler

Inhaltsverzeichnis

Zusammenfassung Die grüne und digitale Transformation der Realwirtschaft gelingt nur, wenn die Finanzierung von Investitionen gesichert ist. Der öffentliche Haushalt allein kann den gewaltigen Finanzierungsbedarf nicht stemmen. Die Kommission versucht daher, privates Kapital zu mobilisieren. Mittlerweile überlagern sich zwei Initiativen mit demselben Anliegen: Die Verwirklichung einer Spar- und Investitionsunion einerseits, und die „Sustainable-Finance"-Regulierung andererseits. Der Erfolg dieser Initiativen wird über die Zukunft der grünen und digitalen Transformation entscheiden.

Schlüsselwörter Sustainable Finance · Spar- und Investitionsunion · ESG · Nachhaltigkeit · Finanzierung · Finanzsystem · Omnibus

P. Fidler (✉)
Institut für Zivilrecht, Johannes Kepler Universität, Linz, Österreich
e-mail: philipp.fidler@jku.at

S. Martinetz und C. Wutscher (Hrsg.), *Digitale Nachhaltigkeit – Nachhaltige Digitalisierung*, https://doi.org/10.1007/978-3-662-73381-3_7

1 Finanzierung – Digitalisierung – Nachhaltigkeit

1.1 Überblick

Die Digitalisierung schreitet immer weiter voran. Es ist aber nicht die einzige Transformation, die in Europa zu beobachten ist. Man hat bereits erkannt, dass Digitalisierung am besten mit Nachhaltigkeit Hand in Hand geht, gelegentlich liest man daher von einer „Twin-Transformation".[1] Dieser Trend ist auch an Österreich nicht spurlos vorbei gegangen. So hat das österreichische Bundesumweltamt aus mehreren Perspektiven analysiert, welche Möglichkeiten die Digitalisierung bietet, um Klima und Umwelt weniger zu belasten.[2] Die Themen lauten etwa „Digitalisierung & Energie", „Digitalisierung & das Klimaabkommen" oder „Digitalisierung & Industrie 4.0". Es gibt weitere Beispiele: Ein *Think-Tank* für nachhaltiges Wirtschaften im Unternehmertum („respACT") hat jüngst den Leitfaden „DIGI FOR SDG" veröffentlicht; nach der Eigenbeschreibung bietet der Leitfaden einen „praxisnahen Überblick, wie österreichische Unternehmen jeder Größe digitale Technologien jetzt schon nutzen, um zur Erreichung der SDGs beizutragen".[3]

Es fällt auf, dass zumindest diese Initiativen und Analysen die Rolle der Finanzierung für die digitale (und „grüne") Transformation nicht erwähnen. Das ist offensichtlich eine Lücke: Denn es steht zwar nicht zur Diskussion, welch hohen Stellenwert die digitale Transformation des Geschäftsmodells für nahezu jedes Unternehmen hat. Allerdings steht fest, dass die flächendeckende Digitalisierung hohe Investitionskosten in den Unternehmen erfordert. Bedenkt man die notorisch knappen Eigenkapitalquoten von KMU, nämlich nur 37 %,[4] drängt sich daher die Frage auf, wer die Finanzierung vor allem für diesen zahlenmäßig weit verbreiteten Unternehmenstyp bereitstellen kann. Größere Unternehmen mit Zugang zum Kapitalmarkt haben zwar mehr Möglichkeiten zur Kapitalaufnahme, können diese aber womöglich nicht im gewünschten Ausmaß nutzen. Falls Unternehmen nicht in der Lage sind, eine ausreichende Finanzierung zu akquirieren, bleibt die digitale Transformation der Realwirtschaft ein hehrer Wunsch. Das alles gilt grosso modo auch für Investitionen in den Klimaschutz oder zur Anpassung des Geschäftsmodells an den Klimawandel.

Tatsächlich steht die Finanzierung der digitale Transformation vor einem dreifachen Problem: *Erstens* sind die Hürden für eine externe Finanzierung von Investitionen in die digitale Transformation größer als bei herkömmlichen Investitionen in

---

[1] Vgl *Schmidt* 05.06.2024, Digitalisierung und Nachhaltigkeit gehen am besten Hand in Hand, FAZ < https://www.faz.net/pro/digitalwirtschaft/zukunft-der-arbeit/digitalisierung-und-nachhaltigkeit-gehen-am-besten-hand-in-hand-19764124.html>.

[2] Umweltbundesamt, Digitalisierung & Nachhaltigkeit<https://www.umweltbundesamt.at/digitalisierung> (zuletzt abgerufen am 15.12.2025).

[3] respACT, factsheets & publikationen, 15.12.2025<https://www.respact.at/respact-academy/publikationen>.

[4] KMU Forschung, KMU-DATEN, 15.12.2025 <https://www.kmuforschung.ac.at/zahlen-fakten/kmu-daten/>.

Sachanlagen (Finanzierungsproblem); *zweitens* offenbaren digitale Investitionen gewisse Eigenheiten bei der Bewertung und Bilanzierung (Bewertungsproblematik); und *drittens* hat die digitale Transformation mit ihren Zukunftsaussichten bei der Bewertung durch herkömmliche Kreditgeber (Banken, Sparkassen etc.) zumindest bisher eine geringe Bedeutung, und wirkt sich deshalb nicht signifikant positiv auf das Kreditrating der Unternehmen aus (Kreditratingproblem).[5]

1.2 Potenzial europäischer Initiativen

Von diesen drei Problemen wiegt die Finanzierung am schwersten und steht daher im Fokus dieses Beitrags. Es ist aber nicht ausgeschlossen, dass Unternehmen dieses Problem in Zukunft überwinden können. Immerhin gibt es vielfältige Initiativen auf europäischer Ebene, die sich den Themen Finanzierung, Digitalisierung und Nachhaltigkeit widmen. Auch in der aktuellen Legislaturperiode (2024–2029) liegt die Priorität der Europäischen Kommission u. a. in der „Sicherung der Wettbewerbsfähigkeit und des Wohlstands in Europa". Aus der Armada an Zielen, die sich die Kommission unter diesem Titel gesetzt hat, interessiert vor allem die Mobilisierung von privatem Kapital, um in die nachhaltige Wettbewerbsfähigkeit der EU und somit auch in einen „sauberen und digitalen Wandel" zu investieren.

Gelingt diese Mobilisierung, fällt es hoffentlich auch Unternehmen leichter, die nötigen Mittel für eine nachhaltige und digitale Transformation ihres Geschäftsmodells zu akquirieren. Jedenfalls haben die Organe der Gesellschaften sowie (Einzel-) Unternehmer mehr Handlungsmöglichkeiten; sie sind etwa nicht länger auf klassische Bankkredite oder öffentliche Fördergeber[6] beschränkt. Die Mobilisierung von privatem Kapital kann dann entscheidend sein, wenn sich der Investitionsbedarf nicht aus dem betrieblichen Umsatzprozess, also den klassischen Wegen der Innen- und Selbstfinanzierung (z. B. Thesaurierung von Gewinnen), decken lässt.

[5] *Stein* ea, Finanzierung 9 ff.

[6] In Wien etwa das Förderprogramm „Digitalisierung" der Wirtschaftsagentur Wien, vgl Wirtschaftsagentur Wien, Transparenzportal, 15.12.2025 <https://transparenzportal.gv.at/tdb/tp/leistung/1069152.html>; auf europäischer Ebene etwa das Programm „Digitales Europa", dessen Schwerpunkt auf die Bereitstellung digitaler Technologien für Unternehmen, Bürger und öffentlichen Verwaltungen liegt, vgl Europäische Kommission, Programm „Digitales Europa", 26.09.2025 <https://digital-strategy.ec.europa.eu/de/activities/digital-programme>.

2 Spar- und Investitionsunion (SIU)

2.1 Mobilisierung von privatem Kapital

In der Mitteilung zum „Deal für eine saubere Industrie“ („Clean Industrial Deal“) aus Februar 2025 hat die Kommission zum bereits wiederholten Mal den Investitionsbedarf hervorgehoben, um die Wirtschaft auf „saubere Energie“ umstellen zu können.[7] Die Schätzung klingt entweder beeindruckend oder abschreckend: Laut der Kommission muss die EU ihre jährlichen Investitionen in Energie, industrielle Innovation und deren Ausbau sowie in das Verkehrssystem gegenüber dem vorangegangenen Jahrzehnt um rund € 480 Mrd erhöhen. Die Mobilisierung von privatem Kapital sei von entscheidender Bedeutung. Die Kommission kündigte deshalb an, eine Strategie für eine *Spar- und Investitionsunion* (SIU) anzunehmen, um die Mobilisierung von Kapital für strategische Investitionen zu ermöglichen. Dadurch werde Europa zum „wichtigsten Ziel von Investitionen in die Dekarbonisierung der Industrie und saubere Technologien.“

Der Ankündigung folgte die offizielle Vorstellung der Strategie am 19. März 2025.[8] Die Kommission stellt erneut den Investitionsbedarf in den Vordergrund. Sie baut jedoch auf den Zahlen des *Draghi*-Berichts auf, der bis zum Jahr 2030 sogar zusätzliche Investitionen in Höhe von € 750 bis 800 Mrd pro Jahr für erforderlich hält.[9] Die Kommission betont zu Recht, dass viel von diesem Bedarf auf KMU und innovative Unternehmen entfällt, die sich nicht nur auf eine Bankfinanzierung verlassen können. Diese Unternehmen sollen das „sehr beträchtliche Kapital, das in der EU vorhanden ist, nutzen können“. Da der öffentliche Haushalt der Mitgliedsstaaten nur über begrenzte Mittel verfügt, sollen private Investitionen den größten Teil des Investitionsbedarfs stemmen.

Die Kommission hat vor allem die Spareinlagen der EU-Bürgerinnen im Blick: Denn geschätzte € 10 Bill an Ersparnissen liegen nach Ansicht der Kommission als Spareinlagen brach. Bankeinlagen seien zwar sicher und leicht zugänglich, würden aber in der Regel weniger Rendite abwerfen als Investitionen an den Kapitalmärkten.[10] Diese Spar- oder Anlagekonten können der Kommission zufolge in Verbindung mit einer angemessenen steuerlichen Behandlung den Pool an Finanzierungsquellen für EU-Unternehmen erweitern und den Bedarf der EU an Investitionen in den grünen und den digitalen Wandel sowie – persönlicher Einschub: *leider* – in die Verteidigung decken.

---

[7] KOM (2025) 85 endg 11 f.

[8] Europäische Kommission, Savings and investments union strategy to enhance financial opportunities for EU citizens and businesses, 19.03.2025 <https://finance.ec.europa.eu/publications/savings-and-investments-union-strategy-enhance-financial-opportunities-eu-citizens-and-businesses_en?prefLang=de>.

[9] *Draghi*, Europäische Wettbewerbsfähigkeit 75.

[10] Europäische Kommission, Fragen und Antworten zur Spar- und Investitionsunion, 19.03.2025 <https://ec.europa.eu/commission/presscorner/detail/de/qanda_25_803>.

2.2 *Regelungsvorhaben*

Wie üblich, hat die Kommission vier Arbeitsbereiche abgesteckt, denen sie jeweils mehrere Regelungsvorhaben zuweist:

- Bürger und Sparvermögen;
- Investitionen und Finanzierung;
- Integration und Größe;
- Effiziente Aufsicht im Binnenmarkt.

Welche Maßnahmen die Kommission für diese Arbeitsbereiche plant, können Interessierte im Internet nachlesen; für das Thema des Beitrags sind Details nicht von Bedeutung, zumal sich die Maßnahmen der neuen Spar- und Investitionsunion aktuell in einem Planungsstadium befinden. Die Umsetzung durch erste Gesetzesentwürfe soll ab dem dritten Quartal 2025 anlaufen; die Pläne reichen nach aktuellem Stand vorerst bis ins Jahr 2026. Für das zweite Quartal 2027 ist ein *„mid-term review"* geplant, das den Fortschritt bei der Verwirklichung der Spar- und Investitionsunion bewertet.

Ein bemerkenswertes Detail ist aber auch hier zu erwähnen: Bislang versuchte sich die Kommission am Aufbau und der Vertiefung einer Kapitalmarktunion, erstmals 2015 und mit dem Hauptziel, in der gesamten Union einen echten Binnenmarkt für Kapital zu schaffen.[11] Investitionen und Ersparnisse sollten in alle Mitgliedstaaten fließen, sodass sie Investoren und Unternehmen zugutekommen, unabhängig davon, wo diese angesiedelt sind. Der Erfolg der Initiativen war aber überschaubar: Trotz zahlreicher Gesetzgebungspakete blieb die EU in vielen Segmenten deutlich hinter den USA.[12] So lag etwa die Marktkapitalisierung von Euronext[13] bei ca. 55 % des BIP, während der Prozentsatz in den USA über 200 % betrug.

Die Spar- und Investitionsunion ist nun ein erneuter, *ganzheitlicher* Ansatz, mit dem die Kommission das gesamte Finanzwesen der EU erfassen möchte, nicht nur die Kapitalmärkte, sondern etwa auch den Bankensektor. Das Finanzsystem der EU wird traditionell von Banken dominiert; und Österreich ragt hier nochmals heraus. Die Oesterreichische Nationalbank weist den Anteil des Bankgeschäfts am österreichischen Finanzsystem Ende 2023 mit mehr als 50 % aus.[14] In der neuen Spar- und Investitionsunion sollen Banken von geringeren Eigenkapitalanforderungen und einfacheren Regeln für Verbriefungen (= Bündeln und Weitergeben von Krediten)

---

[11] KOM (2015) 468 endg; danach KOM (2020) 590 endg.

[12] Deutsche Bank Research, Spar- & Investitionsunion in Europa – Ein neuer Anlauf zur Stärkung der Kapitalmärkte, Wettbewerbsfähigkeit & Innovation – Präsentation im Rahmen der Publikationsreihe EU-Monitor 09.05.2025.

[13] Euronext ist ein Börsenverbund mit Handelsplätzen in Amsterdam, Brüssel, Dublin, Lissabon, Mailand, Oslo und Paris.

[14] OeNB, Fakten zu Österreich und seinen Banken (2024) <https://www.oenb.at/Publikationen/Finanzmarkt/Fakten-zu-Oesterreich-und-seinen-Banken.html>.

profitieren.[15] Dagegen lag der Schwerpunkt der Kapitalmarktunion bisher nur auf Marktintegration; dieser Ansatz wird mit dem neuen Konzept nun ausdrücklich erweitert. Nicht nur Privatanleger als „Sparer“ und Banken als Gegenpart stehen daher im Fokus der Kommission, sondern sie möchte auch die Investitionen institutioneller Anleger (etwa Vermögensverwalter [„asset manager“], Versicherungen, Banken und Pensionsfonds) mobilisieren, um verstärkt in Eigenkapital zu investieren. Dazu gehören auch – privatrechtlich besonders interessant und relevant – der Abbau regulatorischer Hürden im Gesellschafts- und Insolvenzrecht.

3 Nachhaltigkeit und „Sustainable Finance“

3.1 *ESG und Finanzsystem*

Die Spar- und Investitionsunion ist nicht die einzige europäische Initiative, die private Ersparnisse für Investitionen in Innovation sowie den sauberen und den digitalen Wandel mobilisieren möchte. Das Ziel erinnert markant an einen weiteren regulatorischen Ansatz, der unionsweit unter dem Begriff „Sustainable Finance“[16] bekannt ist. Der Begriff verweist auf einen Prozess, der die *ESG*-Merkmale („environmental“, „social" und „governance") als Investitionskriterien veranschlagt und in Investitionsentscheidungen am Finanzmarkt eingehen lässt.[17] Im Kontext der Unionspolitik soll „Sustainable Finance“ das Wirtschaftswachstum unterstützen und zugleich zur Erreichung der Klima- und Umweltziele des „European Green Deal“[18] beitragen. „Nachhaltigkeit“ steht so gesehen auch als Abbreviatur für eine weitere, aktuelle Regulierungsstrategie der Europäischen Kommission. Deren Adressaten sind das Finanzsystem, seine Akteure und die nationalen Gesetzgeber.

Die Sustainable-Finance-Strategie der Kommission steht in einem unklaren Verhältnis zur Spar- und Investitionsunion. Die politischen Ziele beider Initiativen überschneiden sich in Teilen, so wenn die Kommission auch durch „Sustainable Finance“ versucht, private Investoren am Kapitalmarkt zu aktivieren, um Kapitalströme in „grüne“ Investitionen zu lenken. Davon profitieren könnten auch Unternehmen, die Investitionen zur digitalen Transformation tätigen wollen, solange sie nachweisen

---

[15] Am 17.03.2025 ist bereits das Gesetz zur Erlassung eines Kreditdienstleister- und Kreditkäufergesetzes (KKG) kundgemacht worden und am 18.03.2025 in Kraft getreten, BGBl I 6/2025.

[16] Vgl aber auch *Poelzig*, ÖBA 2025, 253 (253), die zwischen „Green Finance“ und – bei Einbeziehung sozialer Aspekte – „Sustainable Finance“ unterscheidet.

[17] Europäische Kommission, Overview of sustainable finance, 15.12.2025 <https://finance.ec.europa.eu/sustainable-finance/overview-sustainable-finance_en>. Dagegen hat das, was die Kommission als „Digital Finance“ bezeichnet, nichts mit dem Thema des Beitrags zu tun: „New financial technologies can facilitate access to financial services and improve the efficiency of the financial system.“ Vgl Europäische Kommission, Digital finance, 15.12.2025 <https://finance.ec.europa.eu/digital-finance_en>.

[18] KOM (2019) 640 endg.

können, damit spiegelbildlich einen Beitrag zur grünen Transformation zu leisten. In den bisherigen Dokumenten zur Spar- und Investitionsunion wird auf das Verhältnis zur Sustainable-Finance-Strategie nicht weiter Bezug genommen. Derartige Überlappungen gibt es mittlerweile öfter. Auch der schon erwähnte „Clean Industrial Deal" überlagert den „Green Deal" mit seinen klima- und industriepolitischen Ambitionen.[19] Natürlich hat diese ständige Überlagerung auch damit zu tun, dass die Kommission möglichst viele Mitgliedstaaten an Bord holen muss, wenn sie ihre Agenda verwirklichen möchte, und dafür Zugeständnisse bei anderen Vorhaben machen muss.

Für Unternehmen und Investoren mag in Zukunft auch der Spar- und Investitionsplan einige Neuerungen und hoffentlich Erleichterungen auf dem Weg zur grünen und digitalen Transformation bringen. Vorrangige Bedeutung hat derzeit jedoch der Sustainable-Finance-Rahmen, schlicht deshalb, weil er sich schon in mehreren Gesetzgebungsakten mit großer praktischer Tragweite niedergeschlagen hat. Das gilt nicht nur für große kapitalmarktorientierte Unternehmen, sondern auch für KMU, die ökologisch nachhaltige Investitionen im Zuge der Transformation ihrer Wirtschaftsaktivitäten hin zur Klimaneutralität finanzieren wollen.[20] Die Ansätze und Eckpfeiler der Sustainable-Finance-Regulierung sollen daher in Folge vorgestellt werden.[21]

3.2 Startschuss: Aktionsplan der Kommission

Der Startschuss für die Sustainable-Finance-Strategie fiel im März 2018 mit der Veröffentlichung des Aktionsplans „Finanzierung nachhaltigen Wachstums".[22] In diesem Aktionsplan gab die Kommission bekannt, dass das Finanzsystem eine Schlüsselrolle bei der Bekämpfung des Klimawandels und beim Übergang zu einer emissionsarmen, ressourcenschonenden Kreislaufwirtschaft spielen müsse. Die Kommission versucht damit unmittelbar, an die Ziele des Pariser Klimaschutzabkommens und der UN-Agenda 2030 anzuschließen. Der Aktionsplan formuliert drei Kernanliegen für den Übergang zu einem nachhaltigen Finanzwesen:

- *Erstens* sollen Investoren die Kapitalflüsse auf nachhaltige Investitionen umlenken, um ein nachhaltiges und integratives Wachstum zu erreichen;

[19] Vgl die Ausführungen von *Maria Luís Albuquerque*: „Wir beschreiten den Weg zu wachstumsfreundlicheren, leichter anwendbaren und verhältnismäßigeren EU-Vorschriften für ein nachhaltiges Finanzwesen. Wir schaffen günstigere Rahmenbedingungen für Unternehmen und setzen so Impulse für Wachstum, Wettbewerbsfähigkeit und Investitionen und arbeiten gleichzeitig weiter auf unsere Ziele des ‚Green Deals' hin"; zitiert nach Bundeskanzleramt, „Clean Industrial Deal" der EU-Kommission für Dekarbonisierung und gestärkte Wettbewerbsfähigkeit, 26.02.2025 <https:// bundeskanzleramt.gv.at/themen/europa-aktuell/2025/03/clean-industrial-deal-der-eu-kommission-fuer-dekarbonisierung-und-gestaerkte-wettbewerbsfaehigkeit.html>.

[20] Vgl dazu *Glas* ea, ÖBA 2025, 346.

[21] Zum Folgenden siehe zum Teil bereits *Fidler* in Fidler/Ladler Rz 1.13 ff.

[22] KOM (2018) 97 endg.

- *Zweitens* müsse die EU finanzielle Risiken bewältigen, die aus dem Klimawandel, der Ressourcenknappheit, der Umweltzerstörung und sozialen Problemen resultieren;
- *Drittens* möchte die Kommission die Transparenz und die Langfristigkeit in der Finanz- und Wirtschaftstätigkeit fördern.

Für diese Kernanliegen hat die Kommission zehn konkrete Maßnahmen definiert, die sie im Laufe ihrer Reformtätigkeit immer weiter entfaltet hat. Die meisten Anliegen konnte die Kommission innerhalb nur einer Amtszeit umsetzen oder zumindest auf den Weg bringen. Seither ist der Regelungsrahmen „nahezu explodiert".[23] Als Eckpfeiler der Sustainable-Finance-Regulierung gelten weithin

- das EU-weite einheitliche Klassifikationssystem für nachhaltige ökonomische Aktivitäten („Taxonomie"); umgesetzt durch die Taxonomie-VO[24];
- Offenlegungspflichten für (nicht-finanzielle und finanzielle) Unternehmen, um Anlegern erforderliche Informationen für nachhaltige Investitionen zu geben; umgesetzt durch die SFDR,[25] die Nachhaltigkeitsberichterstattung nach der CSRD[26]; und schließlich die Abfrage von Nachhaltigkeitspräferenzen bei der Anlageberatung nach den delegVO zur MiFID II[27];
- Investitionsinstrumente für Unternehmen, Marktteilnehmer und Finanzintermediäre, um Lösungen für nachhaltige Investitionen zu entwickeln und „Greenwashing"[28] zu verhindern; umgesetzt durch Änderungen der Benchmark-VO[29] und die Einführung des „European Green Bond Standard" durch die gleichnamige Green-Bond-VO.[30]

---

[23] *Poelzig*, ÖBA 2025, 253 (254).

[24] VO 2020/852/EU oder Taxonomie-VO.

[25] VO 2019/2088/EU oder Offenlegungs-VO (englische Bezeichnung: „Sustainable Finance Disclosure Regulation" [„SFDR"]).

[26] RL 2022/2464/EU (englische Bezeichnung: „Corporate Sustainability Reporting Directive" [„CSRD"].

[27] delegVO (KOM) 2021/1253/EU (zur Anpassung von delegVO [KOM] 2017/565/EU); eine inhaltlich idente Anpassung gab es im Versicherungssektor, delegVO (KOM) 2021/1269/EU (zur Anpassung von delegVO [KOM] 2017/2359/EU).

[28] Darunter versteht man meist die Praxis, bei der ein Finanzprodukt oder andere Aktivitäten am Finanzmarkt ohne ausreichende Grundlage als „umweltfreundlich" beworben werden.

[29] VO 2016/1011/EU oder Referenzwerte-VO (englische Bezeichnung: „Benchmark Regulation" [„BMR"]); VO 2019/2089/EU oder Klima-Referenzwert-VO.

[30] VO 2023/2631/EU oder Europäische Grüne Anleihen-VO (englische Bezeichnung: „European Green Bond Regulation" [„EuGB"]).

3.3 *Regulierungsidee*

3.3.1 Steuerung des Anlegerverhaltens

Es würde den Rahmen jedes Beitrags sprengen, den europäischen Rechtsrahmen in all seinen Details vorzustellen, darunter auch begleitende Verordnungen, Richtlinien sowie Leitlinien und Empfehlungen (entspricht im *Lamfalussy*-Verfahren Level 2–4).[31] Zielführender ist vielmehr, sich auf den Kerngedanken der Regulierungsstrategie zu besinnen. Offenkundig ist nämlich nicht auf den ersten Blick ersichtlich, wie das Finanzsystem zur Erreichung von Umwelt- und Klimaschutzzielen beitragen kann, und ob es womöglich auch die digitale Transformation erleichtert.

Wie der europäische Gesetzgeber wiederholt betont, soll der Sustainable-Finance-Rechtsrahmen die Kapitalflüsse hin zu nachhaltigen Investitionen lenken, um die Nachhaltigkeitsziele der EU zu verwirklichen (z. B. ErwGr 9 Taxonomie-VO). Damit geht der Gesetzgeber davon aus, dass Kapitalströme derzeit überwiegend in Unternehmen fließen, die nicht (ausreichend) nachhaltig wirtschaften, und setzt auf die Allokationsfunktion des Kapitalmarkts, um dies zu ändern und die nachhaltige (hier: digitale *und* grüne) Transformation der Realwirtschaft zu beschleunigen.

Die EU möchte also privates Kapital mobilisieren, um die Realwirtschaft des Binnenmarkts und die europäische Gesellschaft nachhaltiger zu gestalten. Bei einem sehr zentralistischen Zugang ließe sich dieses Ziel erreichen, indem der Gesetzgeber zwingende Investitionsgebote und -verbote anordnet, die dem Anleger vorschreiben, in welchen Finanzinstrumenten er sein Kapital zu veranlagen hat. Ob solche Ansätze verfassungsrechtlich halten, sei dahingestellt. Der Unionsgesetzgeber wählt ohnedies einen anderen Zugang der, über weite Strecken auf das kapitalmarktrechtliche Informationsmodell setzt und das – auf hoher Abstraktionsebene – auf den Abbau von Informationsasymmetrien zielt. Der Steuerungsansatz basiert damit maßgeblich auf der Erteilung von Informationen im Investmentprozess sowie der Abfrage von Nachhaltigkeitspräferenzen, in der Hoffnung, auf den Investitionswillen der Anleger einzuwirken. Man konnte die Lenkungswirkung daher zunächst auch noch als „Nudging" bezeichnen, weil der Gesetzgeber bloß den Anstoß („Stups") zur Investition in das Finanzinstrument gibt, die Anleger aber nicht dazu zwingt.[32] In den rein marktbezogenen Allokationsprozess wird dadurch grundsätzlich nicht eingegriffen.

Der Steuerungseffekt des Informationsmodells, auf den der europäische Gesetzgeber setzt, kann aber nur dann die besagte Verhaltensänderung bei den privaten Anlegern herbeiführen, wenn ESG-Faktoren, vor allem Nachhaltigkeitsrisiken, für sie überhaupt ein relevanter Aspekt im Investmentprozess sind. Damit ist die Frage nach hochkomplexen Kausalzusammenhängen auf den modernen Finanzmärkten

---

[31] Für einen Überblick zur europäischen Entwicklung siehe *Fidler* in Fidler/Ladler Rz 1.13; zu den „ESG-Schlüsselgesetzen" *Fidler* in Fidler/Ladler Rz 1.81 (bis zum Stand September 2024); vgl auch *Poelzig*, ÖBA 2025, 253 (254 ff.); *Bueren/Bardhan* in Mittwoch/Sanders 241 ff.

[32] Statt vieler idZ etwa *Fidler*, ÖBA 2023, 789 (790 f.); *Schmid*, ÖJA 2025, 105 (131 ff.).

aufgeworfen, die das Anlegerverhalten betreffen. Eine gesetzliche Regulierungsstrategie könnte etwa von der Annahme ausgehen, dass Investoren ihre Entscheidung exklusiv danach treffen, ob das Finanzinstrument – unter Berücksichtigung des Risikoprofils – möglichst hohe finanzielle Rückflüsse bei geringstmöglichem Risiko erwarten lässt; ausschlaggebend wäre dann allein die finanzielle Präferenz bezüglich der Renditeerwartung des Finanzinstruments. Für Anleger wären Investitionen nach den ESG-Kriterien unter dieser Annahme akzeptabel, wenn und weil sonst eine schlechtere risikoadjustierte Rendite in ihrem Portfolio indiziert wäre.[33] Denkbar ist aber auch, dass ESG als selbständige Anlagepräferenz zur herkömmlichen Rendite-Risiko-Abwägung hinzutritt. So können sich Anleger auch aus altruistischen Motiven für ein ökologisch nachhaltiges oder ein sozialverträgliches Finanzinstrument entscheiden, weil sie das Gefühl, etwas moralisch „Gutes" oder „Richtiges" zu tun, nutzenstiftend in ihrer Präferenzfunktion veranschlagen.[34]

Tatsächlich zeigt sich zusehends, dass der europäische Gesetzgeber von einem Investorenleitbild ausgeht, das sich nicht nur finanziellen Interessen, also dem klassischen Risiko-Rendite-Kalkül verschreibt. Diese Annahme erklärt etwa die Ausweitung der Berichtspflichten nach der CSRD, die sich unter das Schlagwort „Unternehmenspublizität zwecks Gemeinwohlförderung"[35] stellen lassen. Derartige nicht-finanzielle Präferenzen der Investoren stellen andere Anforderungen an das Informationsmodell, das der Regulierungsstrategie der Kommission zugrunde liegt.

3.3.2 Zusammenspiel von Taxonomie-VO, CSRD und SFDR

Die Umsetzung der Regulierungsstrategie soll nun anhand des Zusammenspiels von Klassifikationssystem nach der Taxonomie-VO, der Nachhaltigkeitsberichterstattung nach der CSRD und den produktbezogenen Offenlegungspflichten nach der SFDR erörtert werden.[36]

Der Ausgangspunkt ist die Taxonomie-VO. Ihr Klassifikationssystem schafft nach der Intention des Gesetzgebers ein unionsweit einheitliches Verständnis von ökologisch nachhaltigen („grünen") Wirtschaftstätigkeiten. Mit dieser Klassifikation sollen Investoren (Anleger) bewerten können, ob sie ihr Geld (auch) in nachhaltigen Finanzinstrumenten (im weiten Sinn von § 1 Z 7 WAG 2018) veranlagen, die von einem wirtschaftstätigen Unternehmen selbst (z. B. Aktien, Anleihen) oder einem Intermediär emittiert werden (z. B. Fondsanteile, Zertifikate).

---

[33] *Bueren/Bardhan* in Mittwoch/Sanders 236 f., auch mwN zur empirischen Forschungslage.

[34] Vgl *Schön*, ZfPW 2022, 207 (226), der plakativ von einem „warm glow" spricht.

[35] *Ekkenga*, ZHR 188 (2024) 471 (474 ff.).

[36] Vgl bereits *Fidler* in Fidler/Ladler Rz 1.29.

In einem nächsten Schritt müssen die Taxonomie-basierten Kennzahlen und Angaben daher in Berichts- und Offenlegungspflichten der Unternehmen integriert werden. Deshalb müssen Unternehmen,[37] die in den Anwendungsbereich der CSRD fallen (vor allem große und kapitalmarktorientierte Unternehmen), u. a. den taxonomiefähigen und den taxonomiekonformen Anteil an ihrem Umsatz, ihren Investitionen (CapEx) und ihren Betriebsausgaben (OpEx) durch die ausgeübten Wirtschaftsaktivitäten in den Nachhaltigkeitsbericht aufnehmen. Diese Informationen sind damit für das Anlegerpublikum öffentlich verfügbar. Anleger können in der Folge beurteilen, ob und in welchem Ausmaß die wirtschaftlichen Aktivitäten von Emittenten die Nachhaltigkeitskriterien der Taxonomie-VO erfüllen.

Die SFDR richtet sich an Finanzintermediäre (Finanzmarktteilnehmer und Finanzberater), die als Bindeglied zwischen den (End-)Anlegern und den Unternehmen der Finanz- und Realwirtschaft agieren sollen und die Finanzprodukte vertreiben. Die SFDR stellt dazu vor allem Informationen zur Nachhaltigkeit von Finanzprodukten bereit; dazu gehören auch Angaben, wie und in welchem Umfang das Finanzprodukt in ökologisch nachhaltige Wirtschaftstätigkeiten iSd Taxonomie-VO investiert. Angesprochen sind Finanzprodukte, die eine „nachhaltige Investition" anstreben, und solche, die ökologische Merkmale bewerben. Die Grundlage für die Taxonomie-bezogene Offenlegungspflicht liefern den Anbietern dieser Finanzprodukte wiederum die Nachhaltigkeitsberichte von Emittenten nach der CSRD. Die SFDR wirkt damit als Katalysator für die Integration von Nachhaltigkeitsaspekten in die Investitionsentscheidungen der Anleger.

3.3.3 Das Omnibuspaket: Zurück an den Start?

Dieses voraussetzungsvolle Konzept der Sustainable-Finance-Regulierung hatte stets potenzielle Bruchstellen,[38] und bedeutete einen immensen bürokratischen und verwaltungstechnischen Aufwand für die Normadressaten des Finanzmarkts. Die Regulierungsidee steht und fällt mit der Möglichkeit zur Datenerfassung und einer ausreichenden Datenqualität. Und selbst das reicht nicht aus: Sind die Daten zwar verfügbar, aber nicht vergleichbar, verschwimmt für Anleger die Grenze zwischen „nachhaltigen" Finanzinstrumenten und reinem „Greenwashing" der berichtspflichtigen Unternehmen.

Man kann sich daher leicht vorstellen, dass unternehmensnahe Interessengruppen und Lobbys mit allen möglichen Mitteln auf die Regierungen der Mitgliedsstaaten und den europäischen Gesetzgeber einwirkten, um zumindest Teile der Regulierung zu revidieren. Die Entwicklung der letzten Jahre in den USA half ihnen dabei. Heute existiert in mehreren – republikanisch geführten – US-Bundesstaaten „Anti-ESG"-Gesetzgebung, und US-Akteure schrecken nicht davor zurück, europäischen Unternehmen und in Europa tätigen Rechtsberatern rechtliche Verfolgung anzudrohen,

---

[37] Genauer gesagt geht es um den Rechtsträger des Unternehmens (z. B. eine GmbH oder AG), und dort wiederum um die vertretungs- und geschäftsführungsbefugten Gesellschaftsorgane.

[38] Vgl dazu *Schmid*, ÖJA 2025, 105 (150 ff.).

wenn sie sich in ESG-Initiativen engagieren, die Marktteilnehmer in den Vereinigten Staaten betreffen.[39]

Es kam also, wie es offenbar kommen musste: Die Kommission hat am 26. Februar 2025 den Vorschlag für ein *Omnibuspaket* zur Überarbeitung verschiedener nachhaltigkeitsfördernder Rechtsakte vorgelegt. Die Kommissionspräsidentin *Ursula von der Leyen* wird mit dem euphorischen Ausruf zitiert: „Wir haben Vereinfachung versprochen und Wort gehalten. Wir stellen unseren ersten umfassenden Vereinfachungsvorschlag vor. Die Unternehmen in der EU werden von gestrafften Regeln für die Berichterstattung über nachhaltige Finanzen, Sorgfaltspflichten und Taxonomie profitieren […]“.[40] Im Anschluss kündigte *von der Leyen* an, dass „weitere Vereinfachungsvorschläge folgen würden“.

Das Omnibuspaket betrifft vor allem die Corporate Sustainability Due Diligence Directive (CSDDD),[41] die CSRD und die Taxonomie-VO; die dazugehörigen Änderungen sollen die erhofften bürokratischen Entlastungen für Unternehmen bringen. Die Details des Omnibuspakets können hier dahinstehen.[42] Es reicht der Hinweis auf drei zentrale Maßnahmen des „Omnibus-I-Pakets“[43]:

- Die – gestaffelte – Berichtspflicht für Unternehmen nach der CSRD wird um jeweils zwei Jahre verschoben, sodass diese nun für Geschäftsjahre ab 2027 und 2028 gilt (auch bekannt als „Stop-the-Clock“); auch werden die Schwellenwerte (Anzahl der Mitarbeitenden und Umsatzerlöse) angepasst, die für die Berichtspflicht ausschlaggebend sind. Dadurch reduziert sich der Kreis der von der Berichtspflicht erfassten Unternehmen.
- Die Anforderungen an die Berichterstattung nach der Taxonomie-VO sollen präzisiert und reduziert werden.
- Zentrale Regelungskonzepte der CSDDD, allen voran die Reichweite der Aktivitätskette, der Klimaschutzplan sowie die zivilrechtliche Haftung von Unternehmen werden aufgeweicht.

Der Berichterstatter des Parlaments für die „Omnibus“-Pakete, *Jörgen Warborn,* möchte bei der Vereinfachung der CSRD- und CSDDD-Richtlinien noch weiter gehen als die Kommission.[44] Er plant, seinen Text im Oktober dem Rechtsausschuss des Parlaments zur Annahme vorzulegen, damit im November im Plenum abgestimmt werden kann. Im Rat der EU schreiten die Arbeiten voran, aber die Meinungen zum

[39] *Kuntz,* ZGR 2024, 745 (748) und passim.

[40] Bundeskanzleramt, „Omnibus 1“ und „Omnibus 2“: Von der Europäischen Kommission vorgeschlagene Pakete sollen Verwaltungsaufwand und Bürokratie reduzieren, 26.02.2025 <https://bundeskanzleramt.gv.at/themen/europa-aktuell/2025/02/omnibus-1-und-omnibus-2-von-der-europaeischen-kommission-vorgeschlagene-pakete-sollen-verwaltungsaufwand-und-buerokratie-reduzieren.html>.

[41] RL 2024/1760/EU oder Lieferketten-RL (englische Bezeichnung: „Corporate Sustainability Due Diligence Directive“ [„CSDDD“]).

[42] Überblick etwa bei *Mittwoch,* GPR 2025, 120; *Ernst* ea, ZVers 2025, 162; *Wiedermann-Ondrej,* RWK 2025, 242; *Stöbener de Mora/Noll,* EuZW 2025, 501.

[43] *Hassel/Kompaniets,* ESG 2025, 323 (324 ff.).

[44] Vgl dazu *Rudorfer,* ÖBA 2025, 539 (549).

Omnibuspaket gehen erheblich auseinander. Vor 2026 ist mit dem Abschluss eines Trilogverfahrens kaum zu rechnen.

4 Abschließende Bewertung: Zur Zukunft der grünen und digitalen Transformation

Was heißt das nun alles für die Zukunft der grünen und digitalen Transformation? Der „Clean Industrial Deal" hat jedenfalls die Digitalisierung aufgewertet. Digitalisierung und KI bestimmen den Klimaschutz zwar bereits nach dem „Green Deal", mehr noch aber nach dem „Clean Industrial Deal".[45] Die Kommission räumt der Förderung von Investitionen in Zukunftstechnologien wie Künstliche Intelligenz dort explizit Priorität ein, und zwar neben der Stärkung klimafreundlicher Technologien, der Senkung der Energiepreise und dem Bürokratieabbau. Geschwächt hat die neue Leitstrategie der Kommission dagegen die ESG-Agenda und die Sustainable-Finance-Strategie.

Beide Anliegen, Digitalisierung und Sustainable Finance, eint aber ein gemeinsames Problem: Damit die Europäische Union wettbewerbsfähig bleibt, müssen neue Investitionen finanziert werden. Der EU fehlt es aber an einem effizienten Kapitalmarkt, damit aus Ersparnissen der Bürger auch Investitionen werden, die für die grüne und digitale Transformation verwendet werden können. Die Spar- und Investitionsunion, so sie in Zukunft Realität wird, hat das Potenzial, dieses Investitionsdefizit zu überwinden.

Literatur

Bueren/Bardhan in Mittwoch/Sanders (Hg), Nachhaltigkeit und Wirtschaftsrecht (2025) 225.

Draghi, Die Zukunft der europäischen Wettbewerbsfähigkeit - Teil A (2024) abrufbar unter: <https://commission.europa.eu/topics/competitiveness/draghi-report_en#paragraph_47059>[europäische Wettbewerbsfähigkeit].

Ekkenga, Unternehmenspublizität versus Diskretions- und Wettbewerbsschutz im Handels-, Gesellschafts- und Kapitalmarktrecht, ZHR 188 (2024) 471.

Ernst/Gross/Resel, Das Omnibus I-Paket der EU, ZVers 2025, 162.

Fidler, Grundlagen und Regulatorik von Sustainable Finance, in Fidler/Ladler (Hg), Sustainable Finance (2025) 1.

Fidler, MiFID II und Nachhaltigkeitspräferenzen in der Anlageberatung, ÖBA 2023, 789.

Frenz, Digitalisierung im europäischen Green Deal und im Clean Industrial Deal, EWS 2025, 181.

Glas/Mestel/Steininger, Instrumente für nachhaltige Finanzierungen in KMU und Handlungsempfehlungen zur erfolgreichen Umsetzung im Markt, ÖBA 2025, 346.

Hassel/Kompaniets, Omnibus I – Echter Bürokratieabbau? Eine kritische Analyse, ESG 2025, 323.

Kuntz, ESG: USA gegen Europa, ZGR 2024, 745.

Mittwoch, Der Brüsseler Omnibus rollt. Freie Fahrt für eine unbürokratische ESG-Transformation der Wirtschaft? GPR 2025, 120.

[45] Vgl dazu *Frenz,* EWS 2025, 181 (191) und passim.

OeNB, Fakten zu Österreich und seinen Banken (2024) <https://www.oenb.at/Publikationen/Finanzmarkt/Fakten-zu-Oesterreich-und-seinen-Banken.html>.

Poelzig, Green Finance, ÖBA 2025, 253.

Rudorfer, Newsline, ÖBA 2025, 539.

Schmid, Die Anatomie der unternehmerischen Nachhaltigkeitsdurchsetzung: Eine Regulierungstaxonomie und ökonomische Kritik zur Nachhaltigkeitsregulierung durch SFDR, CSRD und CS3D, ÖJA 2025, 105.

Schön, „Nachhaltigkeit" in der Unternehmensberichterstattung, ZfPW 2022, 207.

Stein/Schmidt/Akbay/Jäger, Finanzierung der Digitalen Transformation – Ein Praxisleitfaden für KMU (2022) [Finanzierung].

Stöbener de Mora/Noll, Das Omnibus-I-Paket zur Vereinfachung der Nachhaltigkeitsberichterstattung und Sorgfaltspflichten, EuZW 2025, 501.

Wiedermann-Ondrej, High Traffic in Brüssel, RWK 2025, 242.

Planung für die grünen Orte der Zukunft?

Katharina Häusler

Inhaltsverzeichnis

Zusammenfassung Planungsrecht bestimmt die rechtlichen Rahmenbedingungen zur Festlegung von Raumnutzungen. Gute (räumliche) Planungen stellen dabei eine der Grundvoraussetzungen für eine gelungene digitale und grüne Transformation dar. Planungsrecht kann in diesem Zusammenhang sowohl als Ermöglicher als auch als Hemmnis auftreten. Dieser Beitrag untersucht die verschiedenen Anforderungen, welche die doppelte Transformation an das (österreichische) Planungsrecht stellt. Außerdem befasst er sich mit der Frage, welche Rolle die Digitalisierung selbst im Planungsrecht spielen kann und soll.

Schlüsselwörter Planungsrecht · Transformation · Raumordnung · Digitalisierung · Energiewende

1 Ein Umbruch auf vielen Ebenen

Wir befinden uns mitten in mehreren Umbrüchen: „die grüne Transformation", „die digitale Transformation", „die Arbeitswelt 2.0" und „New Work", „die Mobilitätswende" und andere sind längst nicht mehr nur Schlagwörter, sondern in unserem

K. Häusler (✉)
Häusler RA, Wien, Österreich
e-mail: office@haeusler-ra.at

S. Martinetz und C. Wutscher (Hrsg.), *Digitale Nachhaltigkeit – Nachhaltige Digitalisierung*, https://doi.org/10.1007/978-3-662-73381-3_8

Alltag sicht- und spürbar. Es ändert sich aber nicht nur die Art und Weise wie wir arbeiten, unsere Energie beziehen, bauen oder uns fortbewegen, sondern diese Veränderungen haben notwendigerweise auch räumliche Auswirkungen. Eine Studie der Österreichischen Raumordnungskonferenz kam etwa 2022 zum Schluss, dass sich der digitale Wandel *„in allen gesellschaftlichen Sphären, in allen Sektoren, in allen Regionen"* vollziehe, es herrsche aber Unklarheit, *„in welchem Verhältnis Digitalisierung zu räumlichen Entwicklungsprozessen steht"*.[1] Gleichzeitig stehen wir vor enormen Herausforderungen – teilweise als Folge dieser Transformationsprozesse, teilweise sind umgekehrt diese Herausforderungen der Motor der angesprochenen Transformationen: Die Klimakrise muss eingedämmt werden, Klimawandelanpassungsmaßnahmen umgesetzt, die Energiewende und der Übergang zur Kreislaufwirtschaft geschafft und digitale Nutzungen für alle möglich gemacht werden.

Gleichzeitig eröffnet etwa die Digitalisierung neue Möglichkeiten in der Raumplanung, die die Planung einfacher und präziser, aber auch transparenter und (potenziell) partizipativer machen. Dieser Beitrag beleuchtet die Wechselwirkungen zwischen „digitaler und grüner Transformation" und dem (österreichischen) Planungsrecht und skizziert rechtliche Ansätze, um sicherzustellen, dass Planungen auf allen Ebenen den Bedürfnissen der Zukunft genügen.

2 Rechtsbegriff Planung

Vorweg gilt es zu klären, was mit „Planungsrecht" überhaupt gemeint ist. Während es sich dabei um einen in der deutschen Rechtswissenschaft gängigen Fachbegriff handelt,[2] hat er sich bislang in der österreichischen Fachliteratur (noch?) nicht durchgehend als einheitlicher Begriff etabliert, der das Recht der unterschiedlichen (räumlichen) Planungsakte zusammenfasst.[3] Dies korreliert in gewisser Weise mit der komplexen kompetenzrechtlichen Einordnung von „Planung" im System des österreichischen Bundesverfassungsrechts. Selbst wenn man nur raumbezogene Planungen betrachtet, ergeben sich noch verschiedene verfassungsrechtliche Dimensionen und Zuständigkeiten. Einzig die örtliche Raumplanung ist im B-VG ausdrücklich

---

[1] *Bruck* ea, Räumliche Dimensionen der Digitalisierung 6.

[2] Vgl z. B. die Fachzeitschrift Umwelt- und Planungsrecht (Verlag jehle) oder *Faßbender/Köck* (Hg), Wege zur Umsetzung der Klimaschutzziele im Umwelt- und Planungsrecht (2024).

[3] Die meisten Autor:innen unterscheiden zwischen Raumplanungsrecht im engeren Sinn (also örtlicher und überörtlicher Raum- und Bebauungsplanung) einerseits und (räumlicher) Fachplanung sowie sonstigem nicht-raumbezogenem Planungsrecht (z. B. Haushaltsrecht) andererseits, vgl z. B. *Hauer*, Planungsrechtliche Grundbegriffe und verfassungsrechtliche Vorgaben 4. Andere Autor:innen verwenden „Planungsrecht" im oben beschriebenen Sinn als Überbegriff und grenzen teilweise davon noch einmal das räumliche Planungsrecht (als Planungsrecht im engeren Sinn) vom sonstigen nicht-raumbezogenem Planungsrecht ab, z. B. *Geuder*, Einführung in das österreichische Planungs- und Baurecht.

erwähnt, und zwar als einer jener Kompetenzbereiche, der Gemeinden zur Besorgung im eigenen Wirkungsbereich zugwiesen ist (vgl Art 118 Abs 3 Z 9 B-VG). Aus dieser Bestimmung ergibt sich das autonome Recht der Gemeinden, örtliche Entwicklungskonzepte und Flächenwidmungspläne zu beschließen sowie – darauf aufbauend – auch Bebauungspläne für einzelne Stadt- oder Ortsteile zu erlassen. Als Verordnungen dürfen freilich auch diese Pläne nur auf Basis eines zugrunde liegenden Gesetzes erlassen werden („Legalitätsprinzip"), was in Art 118 Abs 4 B-VG sogar ausdrücklich normiert ist *(„(...) im Rahmen der Gesetze und Verordnungen des Bundes und des Landes in eigener Verantwortung frei von Weisungen (...) zu besorgen")*.

Was die Raumplanung außerhalb des eigenen Wirkungsbereichs der Gemeinden betrifft, so hat der Verfassungsgerichtshof 1954 in einem in vielerlei Hinsicht wegweisenden und oft zitierten Erkenntnis festgehalten, dass es sich nach dem System des B-VG bei der „Raumordnung" um keine besondere, für sich bestehende Verwaltungsmaterie handle, sondern um einen *„(...) komplexe[n] Begriff, der alle Tätigkeiten umfaßt, die auf den einzelnen Verwaltungsgebieten der vorsorgenden Planung einer möglichst zweckentsprechenden räumlichen Verteilung von Anlagen und Einrichtungen dienen"*.[4] Demnach komme die Kompetenz zur räumlichen Planung jeweils jener Gebietskörperschaft zu, die auch für die Gesetzgebung in diesem Bereich zuständig ist, auf den sich die Planung beziehe. Da raumplanerische Rechtsakte oftmals die Grundlage für Maßnahmen bilden, die (potenziell) nach landesrechtlichen Vorschriften einer Genehmigung bzw. Bewilligung bedürfen (insb Bau- und Naturschutzrecht), ist dies in den meisten Fällen der Landesgesetzgeber. Der VfGH definierte die so abgegrenzte „Raumordnung" bzw. „Landesplanung" als *„planmäßige und vorausschauende Gesamtgestaltung eines bestimmten Gebietes in bezug auf seine Verbauung, insbesondere für Wohn- und Industriezwecke einerseits und für die Erhaltung von im wesentlichen unbebauten Flächen anderseits"*.[5]

Auf dieser Grundlage haben daher alle Bundesländer Raumordnungsgesetze beschlossen,[6] auch wenn das Raumordnungsrecht nach der höchstgerichtlichen Rechtsansicht – anders als etwa das Baurecht – keine ausschließliche Landesmaterie iSd Art 15 Abs 1 B-VG darstellt. Gleichzeitig bedeutet diese Abgrenzung aber, dass dort, wo bestimmte Materien gem Art 10 in Gesetzgebung und Vollziehung Bundessache

---

[4] VfGH 23.06.1954, K II 2/54 = VfSlg 2674/1954.

[5] VfSlg 2674/1954.

[6] Das Burgenland und Vorarlberg haben sich für den Titel „Raumplanungsgesetz" entschieden, in Wien sind Raum- und Bauordnung in einem Gesetz vereint (Wiener Stadtentwicklungs-, Stadtplanungs- und Baugesetzbuch bzw kurz: Bauordnung für Wien). Alle anderen Bundesländer verwenden den Begriff „Raumordnungsgesetz". Anlassfall des VfGH-Erkenntnisses im Jahr 1954 war übrigens das geplante erste Salzburger Raumordnungsgesetz.

sind, grundsätzlich[7] auch dem Bund die Kompetenz zukommt, die für diese Materien erforderlichen Planungsakte zu erlassen. Während der VfGH 1954 in diesem Zusammenhang „insbesondere“ auf die *„Gebiete des Eisenbahnwesens, des Bergwesens, des Forstwesens und des Wasserrechts“* verwies,[8] ist diese sogenannte Fachplanungskompetenz in der Zwischenzeit auch für andere Art 10-Materien von großer praktischer Bedeutung – etwa auch für die Planung des Starkstromwegenetzes.

In diesem Beitrag sollen unter dem Schlagwort „Planungsrecht“ sowohl Akte der überörtlichen (Raumordnungsgesetze, überörtliche Raumordnungsprogramme) als auch der örtlichen Raum- und Bebauungsplanung (örtliche Entwicklungskonzepte, Flächenwidmungspläne, Bebauungspläne) näher betrachtet werden. Hat man diesbezüglich die jeweiligen Zuständigkeiten abgeklärt, steht das Planungsrecht aber noch vor weiteren, materienspezifischen Herausforderungen.

3 Rechtliche und strukturelle Herausforderungen des Planungsrechts

Gemäß dem – oben bereits erwähnten – Legalitätsprinzip der Bundesverfassung (Art 18 Abs 1 B-VG), darf *„[d]ie gesamte staatliche Verwaltung (…) nur auf Grund der Gesetze ausgeübt werden“*. Dies bedeutet, dass jegliches Staatshandeln durch inhaltlich hinreichend bestimmte (einfache) Gesetze determiniert werden muss. Wie genau gesetzliche Regelungen sein müssen, um diesem Bestimmtheitsgebot zu entsprechen, ist aus dem B-VG nicht unmittelbar ableitbar, der VfGH hat aber die (pragmatische) Formel entwickelt, dass der gesetzliche Determinierungsgrad dem jeweiligen Regelungsgegenstand adäquat sein müsse.[9] Ermöglichen Gesetze eine zu weitgehende Ermächtigung der Verwaltungsbehörden („formalgesetzliche Delegation“), werden diese daher regelmäßig vom VfGH wegen Verletzung des Legalitätsprinzips aufgehoben.

Im Raumordnungsrecht stoßen diese strengen Vorgaben jedoch rasch an Grenzen, da nicht bereits auf Gesetzesebene präzise Planungen für bestimmte Gebiete vorgegeben werden können. Für derartige Fälle ist in der verfassungsrechtlichen Judikatur und Literatur seit Jahrzehnten das Rechtskonstrukt der „finalen Determinierung“ anerkannt. Demnach muss der Gesetzgeber durch die Setzung von Zielvorgaben und

---

[7] Tatsächlich besteht in der Judikatur und juristischen Fachliteratur aber weitgehende Übereinstimmung, dass nicht sämtliche Kompetenztatbestände des Bundes auch eine Kompetenz zur Fachplanung implizieren. Ein praktisch sehr wichtiges Ausnahmebeispiel ist etwa der Kompetenztatbestand „Angelegenheiten des Gewerbes und der Industrie“ (Art 10 Abs 1 Z 8 B-VG); dem Bund kommt daher nach herrschender Meinung keine Kompetenz zu, Gewerbe- oder Industriegebiete planerisch festzulegen (vgl dazu im Detail *Hauer*, Planungsrechtliche Grundbegriffe und verfassungsrechtliche Vorgaben 9).

[8] VfSlg 2674/1954.

[9] *Muzak*, B-VG6 (2020) Art 18 Rz 3–6 und 8 mit Verweis auf die Rechtsprechung des VfGH (z. B. VfGH 16.10.2004, G 67/04).

die Festlegung geeigneter Mittel einen Rahmen für das Handeln der Verwaltung vorgeben, wenn eine konditionale Determinierung nicht möglich ist.[10] Dies bedeutet aber auch, dass es in solchen Fällen einer bloß „finalen Determinierung“ besonders wichtig ist, dass die im Gesetz zur Gewinnung einer ausreichenden Entscheidungsgrundlage vorgesehene Vorgangsweise eingehalten wird.[11] Folglich müssen bei allen Planungsakten die Entscheidungsgrundlagen des Verordnungsgebers im ausreichenden Maße erkennbar sein.[12] Ist dies nicht der Fall, etwa weil bei einem geänderten Flächenwidmungsplan nicht erkennbar ist, auf Basis welcher Planungsgrundlagen die betreffende Änderung veranlasst wurde, so hebt der VfGH diese Verordnungen regelmäßig wegen Gesetzwidrigkeit bzw. Verletzung des Legalitätsprinzips auf.[13]

Diese Judikatur schützt nicht nur vor willkürlichen Planungen der jeweiligen Verordnungsgeber (in der Regel: der Gemeinden), sondern zwingt letztere auch zu einer gewissen Planungsqualität: Nur mit ausreichender Grundlagenforschung und sorgfältig ausgearbeiteten Plänen lassen sich einzelne (Um-) Widmungen oder sonstige räumliche Festlegungen (z. B. Schutzzone, Grüngürtel, Baubeschränkungen) rechtfertigen. In diesem Zusammenhang zeigt sich allerdings auch eine erhebliches Rechtsschutzdefizit, das der österreichischen Raumplanung inhärent ist. Da Flächenwidmungs- und Bebauungspläne Verordnungen darstellen,[14] sind diese nur sehr eingeschränkt von Einzelpersonen anfechtbar (vgl Art 139 Abs 1 Z 3 und 4 B-VG bzw. Bekämpfung in einem konkreten Bauverfahren). Zudem bestehen vielfach auch im Erstellungsprozess von Planungsakten nur wenige (formale) Beteiligungsmöglichkeiten für die Bevölkerung oder Umweltorganisationen, sodass (vermutete) Mängel in Planungsakten oftmals nicht rechtlich aufgegriffen werden können.[15]

Spricht man über die Herausforderungen des österreichischen Raumplanungsrechts, ist schließlich noch zwischen zwei verschiedenen Arten der räumlichen Planung zu unterscheiden. Die örtliche Raumplanung der Gemeinden (Flächenwidmung) gilt klassischerweise als Beispiel für die sogenannte Negativplanung. Im Unterschied zur „Positivplanung“, die zu einer bestimmten Nutzung der betroffenen Fläche bzw. des betroffenen Raums verpflichtet, erlaubt die „Negativplanung“ auch, dass die jeweiligen Flächen bzw. Räume völlig ungenutzt bleiben. Sollen sie aber genutzt werden, sind nur die festgelegten Nutzungen erlaubt.[16] Diese Form

---

[10] Vgl *Damjanovic*, juridikum 2023, 69; *Hauer*, Planungsrechtliche Grundbegriffe und verfassungsrechtliche Vorgaben 16. In den Worten des VfGH: Finale Determinierung mache „einen umfassenden gesetzlichen Zielkatalog ebenso unabdingbar (…) wie Anordnungen für die Erstellung von Entscheidungsgrundlagen, durch welche die Methode der Raumplanung selbst bindend vorgeschrieben wird“ (VfGH 22.06.1995, G 297/94).

[11] VfGH 13.03.1978, V 51/77.

[12] *Geuder*, Einführung in das österreichische Planungs- und Baurecht 122.

[13] Vgl in jüngerer Vergangenheit z. B. VfGH 19.09.2023, V 242/2022; VfGH 08.03.2022, V 261/2021 u. a.; VfGH 24.06.2021, V18/2019 u. a.; grundlegend: VfGH 27.11.1997, V 86/96.

[14] Vgl zu dieser Frage etwa VwGH 12.03.2010, 2008/17/0206; VwGH 31.07.2014, Ro 2014/05/0063.

[15] Siehe dazu näher *Damjanovic*, juridikum 2023, 70; Kleewein, bbl 2019, 223.

[16] *Hauer*, Planungsrechtliche Grundbegriffe und verfassungsrechtliche Vorgaben 5.

der Planung greift weniger stark in den grundrechtlich verbürgten Schutz des Eigentums ein, nimmt den Gemeinden aber auch viele Gestaltungsmöglichkeiten, insbesondere die Möglichkeit, die tatsächliche Bebauungsentwicklung entsprechend den eigenen Planungen zu steuern. Probleme wie Leerstände in Ortszentren oder jahrelang ungenutzte Baulandreserven in Bestlagen sind Folgen dieser traditionell zurückhaltenden Planung, die die Landesraumordnungsgesetze vorgeben. Unter dem Eindruck dieser Probleme und auch des Ziels, der Neuversiegelung von Böden Einhalt zu gebieten, schufen die meisten Landesgesetzgeber in den letzten Jahren neue oder stärkere Instrumente der Positivplanung – dazu zählen insbesondre befristete Baulandwidmungen, raumordnungsrechtliche Verträge oder Leerstandsabgaben.[17]

Vor dem Hintergrund dieser grundsätzlichen Herausforderungen des österreichischen Planungsrechts stellt sich nun die Frage, welchen Beitrag dieses Rechtsgebiet im Zuge der digitalen und grünen Transformation von Wirtschaft und Gesellschaft leisten kann bzw. sogar muss und, wo sich umgekehrt durch diese Entwicklungen neue Chancen für das Planungsrecht ergeben.

4 Planungsrecht & Transformation: Wechselseitige Herausforderungen und Chancen

Wie bereits einleitend kurz dargelegt, bleiben die Veränderungen der „grünen“ und „digitalen“ Transformation nicht ohne Auswirkungen auf die Art der räumlichen Nutzung und Gestaltung. Die Landesgesetzgeber haben diesen Veränderungen teilweise auch bereits Rechnung getragen und in den letzten Jahren ihre jeweiligen Raumordnungsziele und -grundsätze an das geänderte Umfeld und die geänderten Aufgaben angepasst. Diese in der Regel in den ersten Paragrafen der Raumordnungsgesetze zu findenden Ziele und Planungsleitlinien (Grundsätze) bilden gewissermaßen die Basis für alle weiteren Gesetzesvorschriften und geben eine Orientierung für die späteren Planungsakte. Formal gesehen handelt es sich dabei zwar um keine übergeordneten Vorschriften (wie etwa Verfassungsprinzipien), dennoch sind alle späteren Planungsakte an diesen Zielen und Grundsätzen zu messen – und im Bedarfsfall zu interpretieren.[18] Bei näherer Betrachtung der einzelnen Raumordnungsgesetze zeigt sich, dass es sich bei den jeweiligen Raumordnungsgrundsätzen und -zielen meist um eine über die Jahre immer wieder erweiterte Sammlung handelt, wobei die einzelnen – teilweise recht vage formulierten – Ziele und Grundsätze nicht unbedingt in einem

---

[17] Zu den geschilderten Problemen und möglichen rechtlichen Lösungsansätzen, siehe ausführlicher z. B. *Häusler*, RdU 2021, 59; *Kanonier*, bbl 2020, 119; *Kleewein*, bbl 2014, 98 ff.

[18] *König*, immo aktuell 2023, 177. Das oöROG 1994 ordnet sogar ausdrücklich an, dass sich „[a]lle raumbedeutsamen Maßnahmen des Landes, der Gemeinden, der durch landesrechtliche Vorschriften eingerichteten Gemeindeverbände und der auf Grund von Landesgesetzen eingerichteten Körperschaften öffentlichen Rechtes (…) an den Raumordnungszielen und -grundsätzen auszurichten [haben]“ (vgl § 3 Abs 1 Oö ROG 1994, oöLGBl 114/1993 idF oöLGBl 125/2025).

Zusammenhang zueinander stehen (bzw. einander teilweise sogar widersprechen).[19] Als „Leitprinzipien“ der Landesplanung spiegeln sie immer auch aktuelle Anliegen der jeweiligen Gesetzgeber wider, die in den Planungsakten Berücksichtigung finden sollen. In diesem Sinn haben die meisten Landesgesetzgeber in den letzten Jahren ihre Raumordnungsgrundsätze und -ziele auch um Anliegen wie den Klimaschutz,[20] die Integration und den Einsatz von erneuerbarer Energie,[21] die Bewahrung oder Wiederherstellung eines unbeeinträchtigten und ausgewogenen Naturhaushaltes[22] oder die Versorgung der Bevölkerung mit Informations-, Kommunikations- und Verkehrseinrichtungen[23] sowie eine Ökologisierung des Verkehrs[24] erweitert. Das 2021 neu beschlossene Kärntner Raumordnungsgesetz (K-ROG 2021) sieht als Raumordnungsgrundsatz zusätzlich sogar einen verpflichtenden „Zukunftscheck“ im Rahmen der Planung vor, nämlich, dass *„[b]ei raumbedeutsamen Planungen (...) auf die Lebensbedingungen künftiger Generationen Rücksicht zu nehmen [ist]“.*[25]

Über die Raumordnungsziele und -grundsätze hinaus zeigt sich, dass bestimmte Aspekte der Raumplanung besonders von der digitalen und grünen Transformation betroffen sind. Beispielhaft sollen im Folgenden die Energieraumplanung, veränderte Nutzungsanforderungen und die Digitalisierung des Planungsprozesses selbst, näher beleuchtet werden.

5 Energieraumplanung

Im Energiebereich hat die grüne Transformation (Energiewende) in den letzten Jahren deutlich an Fahrt aufgenommen – wesentlich stärker als in vielen anderen Sektoren. Dabei steht die Energiewende vor der zusätzlichen Herausforderung, dass die grüne und digitale Transformation für eine noch größere Nachfrage an elektrischer Energie sorgen (Elektromobilität, neue digitale Anwendungen wie insbesondere künstliche Intelligenz, Elektrifizierung der Industrie etc.). Wie das Klimaschutzministerium 2024 im Integrierten österreichischen Netzinfrastrukturplan (ÖNIP) festhielt, ist schon *„(...) heute im Bereich von Energieerzeugung und -verbrauch eine*

[19] Dies trifft insbesondere auf die vielfältigen Raumordnungsziele zu (siehe näher *Kleewein*, bbl 2019, 213; *Damjanovic*, juridikum 2023, 71), die Raumordnungsgrundsätze sind meist kürzer und strukturierter gehalten.

[20] Vgl z. B. § 2 Abs 1 Z 1 Oö ROG 1994, oöLGBl 114/1993 idF oöLGBl 125/2025; § 3 Abs 2 Z 2 lit i StROG 2010, stmLGBl 49/2010 idF stmLGBl 45/2022.

[21] Vgl z. B. § 1 Abs 2 Z 3 lit d Bgld RPG 2019, bglLGBl 49/2019 idF bglLGBl 108/2024; § 2 Abs 1 Z 17 K-ROG 2021, ktnLGBl 59/2021 idF ktnLGBl 55/2024.

[22] Vgl z. B. § 1 Abs 2 lit c TROG 2022, tirLGBl 43/2022 idF tirLGBl 6/2025; § 1 Abs 2 Z 1 lit i, 1.Spiegelstrich NÖ ROG 2014, nöLGBl 3/2015 idF nöLGBl 10/2024.

[23] Vgl z. B. § 1 Abs 2 Z 6 Bgld RPG 2019, bglLGBl 49/2019 idF bglLGBl 108/2024.

[24] Vgl z. B. § 1 Abs 2 Z 1 lit e NÖ ROG 2014, nöLGBl 3/2015 idF nöLGBl 10/2024; § 2 Abs 1 Z 7 lit c Sbg ROG 2009, sbgLGBl 30/2009 idF sbgLGBl 82/2017; § 1 Abs 2 lit c TROG 2022, tirLGBl 43/2022 idF tirLGBl 6/2025; § 1 Abs 2 Z 8 Wr BO, wrLGBl 11/1930 idF wrLGBl 37/2023.

[25] § 2 Abs 2 Z 3 K-ROG 2021, ktnLGBl 59/2021 idF ktnLGBl 55/2024.

deutlich zunehmende Elektrifizierungstendenz sichtbar", wobei anzunehmen ist, dass diese Tendenz noch stark steigt.[26]

Der russische Angriffskrieg auf die Ukraine und die darauffolgenden Verwerfungen auf den Energiemärkten machten die Abkehr (und damit Unabhängigkeit) von fossilen Energieträgern plötzlich nicht nur zu einem umweltpolitischen, sondern auch zu einem sicherheitspolitischen Thema, das die EU-Mitgliedstaaten ihre Erneuerbaren-Ausbauziele noch einmal nachschärfen ließ. Der im Mai 2022 präsentierte REPowerEU-Plan, der auf dem Paket „Fit für 55" aufbaut, verfolgt vier wesentliche Ziele: Energie einzusparen, die Versorgung zu diversifizieren, fossile Brennstoffe durch eine beschleunigte Energiewende in Europa rasch zu ersetzen sowie Investitionen und Reformen intelligent miteinander zu verknüpfen.[27] Dem folgend konkretisierte die geänderte Erneuerbare-Energien-Richtlinie (RED III)[28] 2023 noch einmal die Ziele und geforderten Maßnahmen auf dem Weg der EU zur Klimaneutralität und CO_2-freien Energieversorgung.

Will Österreich diese – und die selbstgesteckten ehrgeizigen Ziele zum Ausbau von erneuerbarer Energie sowie zum Erreichen der Klimaneutralität im Jahr 2040[29] – erreichen, ist daher in den kommenden Jahren (weiterhin) ein massiver Ausbau von Energieerzeugungsanlagen sowie von leistungsstarken Netzen und Speichern erforderlich. Ohne umfassende planungsrechtliche Steuerung ist ein Ausbau in diesem Ausmaß wohl nicht sinnvoll zu stemmen,[30] zumal auch das Unionsrecht in einigen Bereichen ausdrücklich zur energierechtlichen Planung verpflichtet.

Zum einen wurden die Mitgliedstaaten mit den verpflichtend zu erstellenden nationalen Energie- und Klimaplänen dazu angehalten, konkrete Fahrpläne zu entwickeln, wie sie die (rechtlich verbindlichen) Klima- und Energieziele erreichen wollen.[31] Zum anderen verpflichtet die RED III die Mitgliedstaaten insbesondere auch dazu, geeignete Gebiete festzulegen, die für die nationalen Beiträge zum Gesamtziel der Union für Energie aus erneuerbaren Quellen bis 2030 notwendig sind („Erneuerbare-Energie-Gebiete" iSd Artikel 15b RED III). Als Untergruppe dieser Erneuerbare-Energie-Gebiete müssen gemäß Artikel 15c RED III sogenannte Beschleunigungsgebiete für erneuerbare Energie definiert werden, für die noch bestimmte weitergehende Erleichterungen im Genehmigungsverfahren vorgesehen sind.

Die koordinierte Erfassung potenziell geeigneter Flächen für die Errichtung von Anlagen und der damit zusammenhängenden Infrastruktur („Mapping") hätte gemäß RED III bereits bis 21.05.2025 erfolgen müssen, konkrete Beschleunigungsgebiete

[26] Bundesministerium für Klimaschutz, Umwelt, Energie, Mobilität, Innovation und Technologie (BMK), Integrierter österreichischer Netzinfrastrukturplan, 2024, 7. Zum ÖNIP siehe genauer weiter unten.

[27] KOM (2022) 230 endg.

[28] RL 2023/2413/EU.

[29] Siehe § 4 Erneuerbaren-Ausbau-Gesetz, BGBl I 150/2021 idF BGBl I 150/2021; sowie (etwas abgeschwächt:) § 4 Z 7 Gaswirtschaftsgesetz, BGBl I 138/2011 idF BGBl. I Nr. 150/2021.

[30] In diesem Sinne auch *Damjanovic*, juridikum 2023, 72 f.

[31] Vgl. Art 14 VO 2018/1999/EU oder Governance-VO.

mussten bis 21.02.2026 ausgewiesen werden. Da es sich dabei um raumplanerische Maßnahmen handelt, liegt in Österreich die Verantwortung dafür, wie oben dargestellt, – neben einer sehr eingeschränkten Bundeskompetenz – überwiegend im Verantwortungsbereich der Länder als Raumordnungsgesetzgeber und Zuständige für die überörtliche Raumplanung. Bislang läuft die Umsetzung der RED III jedoch nur schleppend: Mit Stand März 2026 gibt es nur vier sehr kleine ausgewiesene Beschleunigungsgebiete für Windkraftanlagen in Kärnten und die meisten Bundesländer haben noch nicht einmal die raumordnungsrechtlichen Voraussetzungen für deren Ausweisung und die späteren Erleichterungen im Genehmigungsverfahren geschaffen.[32]

Dabei gab es in den letzten Jahren in mehreren Bundesländern durchaus erste Schritte zu einer systematischen Energieraumplanung. So gibt es im Burgenland,[33] in Niederösterreich[34] und der Steiermark[35] Eignungszonen (bzw. Vorrang- und Ausschlusszonen) für Windkraftanlagen, Kärnten hat zwar (ursprünglich) keinen Zonen, aber rechtsverbindlich bestimmte Eignungs- und Ausschlusskriterien festgelegt.[36] Für (große) Freiflächen-Photovoltaikanlagen (PV-Freiflächenanlagen) sind derzeit im Burgenland[37] und in Niederösterreich[38] verbindliche Zonen festgelegt, in der Steiermark lediglich Vorrang- und Ausschlusszonen.[39] Diese überörtlich – mittels Verordnung – festgelegten Eignungszonen haben zur Konsequenz,

---

[32] Im Detail siehe dazu: *Niederhuber & Partner Rechtsanwälte GmbH*, Gutachten zur Umsetzung der Verfahrensbestimmungen der Erneuerbare-Energien-RL in Österreich – zusammenfassende Bewertung („Umsetzungsradar") (2025) <https://www.erneuerbare-energie.at/presseaussendungen/2025/5/21/dachverband-erneuerbare-energie-kritisiert-bisherige-rediii-umsetzung-und-fordert-bundesweite-vorgaben-durch-eabg>. Kärnten: Überörtliches Entwicklungsprogramm „Beschleunigungsgebiete für Windkraftanlagen mit einer elektrischen Engpassleistung von mehr als 5 kW", ktnLGBl. Nr. 11/2026.

[33] Verordnung der Burgenländischen Landesregierung vom 7. Februar 2023, mit der eine Zonierung für Windkraftanlagen im Burgenland vorgenommen wird, bglLGBl 9/2023 idF bgl LGBl 86/2023.

[34] Verordnung über ein Sektorales Raumordnungsprogramm über die Windkraftnutzung in Niederösterreich (NÖ SekRop Wind), nöLGBl 8001/1–0 idF nöLGBl 47/2024.

[35] Verordnung der Steiermärkischen Landesregierung mit der das Entwicklungsprogramm für den Sachbereich Windenergie geändert wird, stmLGBl 72/2013 idF stmLGBl 91/2019.

[36] Verordnung der Kärntner Landesregierung vom 12. Juli 2016, mit der das Sachgebietsprogramm für Standorträume von Windkraftanlagen neu erlassen wird (Windkraftstandorträume-Verordnung), ktnLGBl 46/2016 idF ktnLGBl 46/2016.

[37] Verordnung der Burgenländischen Landesregierung vom 13. Juli 2021, mit der Eignungszonen für die Errichtung von Photovoltaik-Freiflächenanlagen im Burgenland festgelegt werden, bglLGBl 60/2021 idF bgl LGBl 76/2024.

[38] Verordnung über ein Sektorales Raumordnungsprogramm über Photovoltaikanlagen im Grünland in Niederösterreich (NÖ SekRop PV), nöLGBl 94/2022.

[39] Bis zu einer Größe von 10 ha dürfen PV- Freiflächenanlagen weiterhin auch außerhalb der festgelegten Vorrangzonen errichtet werden, für Anlagen größer als 400m2 ist aber eine entsprechende Flächenwidmung durch die Standortgemeinde erforderlich. Im Rahmen vonWidmungs- und Projektgenehmigungsverfahren für solche Flächen müssen dabei die Vorgaben aus dem Sachprogramm (sinngemäß) berücksichtigt werden (vgl. Verordnung der Steiermärkischen Landesregierung vom 1. Juni 2023, mit der ein Entwicklungsprogramm für den Sachbereich Erneuerbare Energie – Solarenergie erlassen wird, stmLGBl 52/2023).

dass die Gemeinden in weiterer Folge nur innerhalb solcher Eignungszonen Flächen für derartige Energieerzeugungsanlagen widmen dürfen (z. B. Widmung „Grünland-Windkraftanlage"), wobei jeweils Ausnahmen für bestimmte Anlagenstandorte (z. B. Industriestandorte, Materialgewinnungsstätten, Deponien) bestehen. Da zumindest große Anlagen nach den jeweiligen Raumordnungsgesetzen über eine entsprechende Sonderwidmung verfügen müssen, bedeutet dies, dass neue Anlagen nur noch in Eignungszonen errichtet werden können.[40] In diesen Bundesländern ist es somit unumgänglich für die Erreichung der Erneuerbaren-Ausbauziele, dass Eignungszonen im ausreichenden Ausmaß festgelegt werden. Hier zeigt sich daher sehr gut, dass das Planungsrecht sowohl die Energiewende – und damit die „grüne Transformation" insgesamt – beschleunigen, als auch ein Hemmnis für diese darstellen kann, wenn es die tatsächlichen Erfordernisse nicht ausreichend berücksichtigt.

Doch auch in den übrigen Bundesländern ist eine systematische Energieraumplanung dringend notwendig, um kurzfristig den Verpflichtungen der RED III zu entsprechen und längerfristig die grüne Transformation zu schaffen. In beiden Fällen müssen bei der Planung vielfältige Faktoren berücksichtigt werden – von den technischen Voraussetzungen (z. B. Windstärke, Sonnenstunden, aber auch Einspeisekapazitäten) bis hin zu Naturschutzinteressen und wirtschaftlichen Aspekten. Dabei geht es nicht nur um die Erzeugungsanlagen, sondern verstärkt auch um die Netzinfrastruktur und Speichermöglichkeiten, um Erzeugungsspitzen bestmöglich lenken zu können.[41] Zudem sieht die RED III – quasi als Voraussetzung für die Verfahrensvereinfachungen – vor, dass in den Planungsakten zur Ausweisung der Beschleunigungsgebiete bereits bestimmte, anlagenspezifische Minderungsmaßnahmen festgelegt werden.[42] Anders als bei sonstigen Raumordnungsprogrammen mit lediglich raumplanerischen Vorgaben soll daher bereits ein Stück weit das Genehmigungsverfahren vorweggenommen und z. B. bestimmte naturschutzrechtliche Voraussetzungen festgelegt werden. Welche Minderungsmaßnahmen erforderlich sind, wird im Zuge des Ausweisungsprozesses des Beschleunigungsgebiets ermittelt. Dieser Prozess muss in aller Regel als strategische Umweltprüfung (SUP) durchgeführt werden, da am Ende ein Plan aus dem Bereich Raumordnung steht, der unter anderem den Rahmen für spätere UVP-Projekte setzt.[43]

---

[40] *Häusler*, NR 2022, 50.

[41] Hinsichtlich der Netzinfrastruktur gibt es seit kurzem auch erstmals eine bundesweite, wenngleich nicht rechtsverbindliche, Planung: den oben bereits zitierten ÖNIP. Als übergeordnetes strategisches Planungsinstrument soll er die Grundlage für die Koordinierung des raschen und zielgerichteten Netzausbaus mit dem Ausbau von Erzeugungsanlagen und der Speicherung von Strom, Gas und Wasserstoff bilden. Der ÖNIP steht damit zwischen den gesetzlichen Vorgaben und den konkreten Planungen der Übertragungs- bzw. Fernleitungsnetzbetreiber.

[42] Vgl Art 15 Abs 1 lit b RED III (RL 2023/2413/EU).

[43] Vgl Art 3 Abs 2 lit a SUP-Richtlinie (RL 2001/42/EG). Spannend ist, dass gemäß Art 16a Abs 3 RED III für Projekte in ausgewiesenen Beschleunigungsgebieten keine UVP erforderlich ist, sofern die festgelegten Minderungsmaßnahmen eingehalten werden. Es könnte daher argumentiert werden, dass für die Festlegung der Beschleunigungsgebiete gar keine SUP erforderlich ist. Gerade um die Minderungsmaßnahmen festlegen zu können, wird aber die Durchführung einer SUP jedenfalls sinnvoll sein.

Ein weiterer Aspekt, der bei der Energieraumplanung berücksichtigt werden muss, ist schließlich die Renaturierungsplanung, zu der Österreich ebenfalls europarechtlich verpflichtet ist. Die Renaturierungsverordnung[44] sieht nämlich vor, dass die Mitgliedstaaten nationale Wiederherstellungspläne ausarbeiten, in denen die erforderlichen Maßnahmen zur Umsetzung der ökosystemspezifischen Ziele und Verpflichtungen der Verordnung festgelegt sind. Dabei ordnet die Verordnung ausdrücklich an, dass die Mitgliedstaaten die Erstellung der Wiederherstellungspläne mit der Kartierung von Erneuerbare-Energie-Gebieten und, allenfalls, auch mit der Ausweisung von Beschleunigungsgebieten und speziellen Infrastrukturgebieten koordinieren.[45] Hier geht es etwa um die Frage, ob bestimmte Erzeugungsanlagen oder sonstige Energieinfrastruktur Renaturierungsziele für bestimmte Flächen beeinträchtigen würden oder ob z. B. ein altes Wasserkraftwerk im Sinne des Rückbaus von nicht mehr notwendigen Querbauwerken (bessere Durchgängigkeit von Flüssen) aufgelassen oder es stattdessen modernisiert doch einen wertvollen Beitrag zum Erreichen der Erneuerbaren-Ausbauziele leisten kann.

Ohne durchdachte Landesraumordnungsbestimmungen als Basis und sorgfältig ausgearbeitete überörtliche Raumordnungskonzepte/Sachprogramme als Ausführungsakte werden all diese Herausforderungen kaum zu bewältigen sein. Das Gelingen der „grünen Transformation“ im Energiesektor ist aber auch eine entscheidende Voraussetzung für das weitere Gelingen der „digitalen Transformation“, da gerade diese auf eine stabile Versorgung mit elektrischer Energie zu günstigen Preisen angewiesen ist.

6 Veränderte Nutzungsanforderungen

Die digitale und grüne Transformation verändern die räumliche Entwicklung tiefgreifend und stellen die Raumplanung dadurch vor vielfältige Herausforderungen: Veränderte Gewohnheiten treffen auf neue Ansprüche, gleichzeitig aber auch neue Möglichkeiten. Unter Berücksichtigung von all dem muss das Planungsrecht einen nachvollziehbaren Ordnungsrahmen schaffen, der nicht nur mögliche Fehlentwicklungen verhindert, sondern im Idealfall neue Impulse zur tatsächlichen Umsetzung der gesetzten Raumordnungsziele setzt.

Exemplarisch für geänderte Nutzungsanforderungen und Möglichkeiten durch die Digitalisierung und Ökologisierung können die Bereiche Mobilität und Arbeitswelt genannt werden. So verändert die Digitalisierung bereits heute die Grundfunktionen von Arbeit, Wohnen, Versorgung und Freizeit. Homeoffice und „multilokale“ Lebensweisen verringern die Bedeutung fester Arbeitsorte, erhöhen aber den Bedarf an wohnortnaher Infrastruktur, Naherholung und flexiblen Mobilitätsangeboten.[46]

---

[44] VO 2024/1991/EU oder Renaturierungs-VO.

[45] Vgl Art 14 Abs 13 Renaturierungs-VO.

[46] *Bruck* ea, Räumliche Dimensionen der Digitalisierung 116 f.

Madner/Grob verorteten 2019 noch die Entmischung von Arbeiten, Wohnen und Einkaufen als wesentlichen Treiber für das Verkehrsaufkommen (und die daraus entstehenden Probleme).[47] Kurz darauf beschleunigte der durch die Corona-Lockdowns ausgelöste Homeoffice-Boom jedoch die Digitalisierung der Arbeitswelt und ermöglichte plötzlich für wesentlich mehr Menschen zumindest zeitweise das Arbeiten von zuhause aus – wenngleich dies naturgemäß nicht auf alle Branchen zutrifft.[48] Wer regelmäßig den Großteil des Tages arbeitend in der eigenen Wohnung oder im eigenen Haus verbringt, hat aber selbstverständlich andere Infrastrukturanforderungen als eine Person der:die täglich ins Büro pendelt und zuhause nur einen Teil der Freizeit verbringt. Lokale und regionale Planungen müssen daher überdacht werden: In welchem Ausmaß können etwa Angebote im öffentlichen Personennahverkehr reduziert oder verändert werden, wie gut muss andererseits die Kommunikationsinfrastruktur ausgebaut werden (insbesondere das Internet-Breitbandnetz)? Muss vielleicht sogar bei Energieinfrastrukturplanungen berücksichtigt werden, dass Energie nicht nur im immer größeren Ausmaß dezentral erzeugt, sondern auch stärker dezentral verbraucht wird?

Umgekehrt ermöglichen neue digitale Tools eine genauere Datenerfassung von Energieerzeugung und -verbrauch und damit nicht nur eine bessere Steuerung seitens der Energieerzeugungsunternehmen, sondern auch eine „intelligentere" Nutzung seitens der Konsument:innen, was z. B. durch dynamische Stromtarife unterstützt wird.[49] Auch neue Mobilitätsangebote wie Carsharing oder Plattformlösungen – ein Produkt der digitalen Transformation ebenso wie der grünen (Verzicht auf das eigene Auto zugunsten einer Share-Nutzung) – können zu einer Entlastung des Verkehrs beitragen. Ohne gezielte Steuerung drohen derartige Share-Modelle jedoch den Nutzungsdruck in Städten sogar zu erhöhen[50] und auch Apps oder Plattformen zur Ermöglichung von bedarfsorientierter Mobilität am Land (z. B. Sammeltaxis) müssen so gut (niederschwellig) ausgestaltet sein, dass sie die unterschiedlichen Zielgruppen – vor allem auch ältere Menschen – überhaupt erreichen zu können. Gerade für kleinere Gemeinden bedeuten die zusätzlichen Anforderungen angesichts der vielerorts knappen personellen und finanziellen Ressourcen eine zusätzliche Herausforderung. Hier gilt es, wie der ÖROK in seinen Empfehlungen zu den räumlichen Dimensionen der Digitalisierung aufgezeigt hat, insbesondere interkommunale Strategien zu entwickeln, um Wissen und Mittel in einer größeren Region bündeln zu können.[51] Dabei könnte auch das Planungsrecht unterstützen, indem wesentlich stärker als bisher die Ausarbeitung regionaler Entwicklungsprogramme forciert wird, in denen ein besonderes Augenmerk auch auf die regionale Mobilität und die (digitale) Infrastruktur gelegt wird.

---

[47] *Madner/Grob*, juridikum 2019, 521.

[48] Vgl z. B. *Bock-Schappelwein*, Welches Home-Office-Potential birgt der österreichische Arbeitsmarkt?, WIFO-Research Briefs 4/2020, <https://www.wifo.ac.at/publication/pid/4148817>.

[49] Vgl „Liefervertrag mit dynamischen Energiepreisen" gem § 6 Abs 1 Z 101 Elektrizitätswirtschaftsgesetz (ElWG), BGBl I 91/2025.

[50] *Bruck* ea, Räumliche Dimensionen der Digitalisierung 13.

[51] *Bruck* ea, Räumliche Dimensionen der Digitalisierung 50.

7 Digitalisierung des Planungsprozesses

Die vorherigen Beispiele haben gezeigt, dass die Digitalisierung gewisse Herausforderungen für das Planungsrecht mit sich bringt, doch die inzwischen vielfältigen Einsatzmöglichkeiten digitaler Instrumente führen notwendigerweise zur Frage, ob die Digitalisierung umgekehrt Unterstützung für das Planungsrecht und die nachhaltige räumliche Entwicklung bieten kann.[52]

Dazu ist zunächst festzustellen, dass die österreichische Raumplanung in den letzten Jahren bereits einen deutlichen Digitalisierungsschub erfahren hat. Digitale Instrumente unterstützen nicht nur die spätere Bereitstellung von Flächenwidmungs- und Bebauungsplänen, sondern zunehmend auch schon Analyse-, Simulations- und Beteiligungsprozesse. Alle Bundesländer stellen inzwischen ihre Flächenwidmungspläne über Web-GIS-Portale der Öffentlichkeit zur Verfügung,[53] in vielen Gemeinden (darunter in Wien) sind auch die Bebauungspläne online abrufbar.[54] Diese Systeme ermöglichen interaktive Abfragen, Messungen und den Export planungsrelevanter Informationen. Dies sorgt nicht nur für mehr Transparenz, sondern erleichtert Architektur- und sonstigen Planungsbüros sowie Rechtsberater:innen auch die konkrete Projektplanung. Die Länder stellen ihre Geoinformationsdaten zudem über verschiedene „Open Government Data"-Plattformen oder Webdienste entsprechend den europäischen Vorgaben für Geodateninfrastruktur (INSPIRE) bereit, was sowohl private als auch kommerzielle Nutzungen für eine Vielzahl an (möglichen) Zwecken – einschließlich neuer Applikationen oder Beteiligungsplattformen – erlaubt. Wien bietet etwa den Bebauungs- und Flächenwidmungsplan als offenen WMTS- bzw. WMS-Dienst an,[55] österreichweit bündeln geoland.at (länderübergreifende Geodateninfrastruktur) und der ÖROK-Atlas (Raumbeobachtung) eine Vielzahl von Datensätzen und Diensten zur freien Nutzung.[56] Neben der reinen Bereitstellung von Plandaten enthalten viele Geoportale zusätzliche Analyse-Layer. In Wien werden etwa Stadtklima- und Energiekarten im digitalen Bebauungsplan-Viewer integriert,[57] in Salzburg können über SAGIS standardisierte Solarpotenzial- oder Wärmepumpen-Analysen durchgeführt werden.[58] Derartige digitale Planungswerkzeuge eröffnen

---

52 In diesem Sinne auch: *Bruck* ea, Räumliche Dimensionen der Digitalisierung 6.

53 Siehe z. B. NÖ Atlas (https://atlas.noe.gv.at), DORIS Oberösterreich (<https://doris.ooe.gv.at/>). Das relativ neue K-ROG 2021, ktnLGBl 59/2021 idF ktnLGBl 47/2025, sieht sogar ausdrücklich vor, dass alle wesentlichen überörtlichen und örtlichen Planungsdokumente (großteils vor ihrer Beschlussfassung) im Internet bereitgestellt werden müssen (vgl §§ 7 Abs 5, 12 Abs 1, 38 Abs 1, 51 Abs 1 K-ROG). Der Raumordnungskataster muss ebenfalls im Internet zur Abfrage bereitgehalten werden (§ 58 Abs 3 K-ROG).

54 Digitaler Flächenwidmungs- und Bebauungsplan Wien <https://www.wien.gv.at/flaechenwidmung/public/>.

55 Stadt Wien, Geowebservices, <https://digitales.wien.gv.at/open-data/geowebservice>.

56 Geodatenportal der österreichischen Länder: <https://geoland.at>, Österreichische Raumordnungskonferenz (ÖROK) – ÖROK-Atlas: <https://www.oerok-atlas.at>).

57 Stadt Wien, Thematische Karten (Stadtklima/Energie), <https://www.wien.gv.at/stadtentwicklung/flaechenwidmung/online/>.

58 Land Salzburg, SAGIS Fachthemen (Solarpotenzial etc.), <https://www.salzburg.gv.at/sagis>.

somit eine Vielzahl neuer Möglichkeiten, verlangen jedoch auch erweiterte Kompetenzen bei allen Planer:innen, einschließlich jenen, die für die örtliche Raumplanung in den Gemeinden verantwortlich sind.[59]

Neben den rein informationsorientierten Geoportalen schafft die Digitalisierung aber auch neue Möglichkeiten für digitale Beteiligungsinstrumente, die Bürger:innen aktiv in raumrelevante Entscheidungsprozesse einbeziehen. Das oberösterreichische „Bürgercockpit" ermöglicht es beispielsweise, Meinungen und Vorschläge direkt mit Kartenbezug einzubringen. Bürger:innen können über diese Plattform aber auch Umfragen beantworten, Projektideen verorten und bewerten.[60] In ähnlicher Weise funktionieren auch Plattformen in Niederösterreich und der Steiermark.[61] Das Land Vorarlberg wiederum betreibt seit 2016 die Plattform „Mitdenken", auf der Bürger:innen regelmäßig zu Projekten Stellung nehmen können.[62] Derartige Instrumente erweitern die formelle Bürgerbeteiligung, fördern Transparenz und können Impulse für die Weiterentwicklung partizipativer Raumplanung liefern. Angesichts des oben beschriebenen Rechtsschutzdefizits in Raumordnungsverfahren bieten sie somit auch eine neue Chance, Raumplanung näher zu den Bürger:innen zu bringen und frühzeitig unterschiedliche Interessen im Planungsverfahren zu berücksichtigen.

8 Welche Lösungen braucht es?

Was sind somit abschließend die dringendsten Punkte für das gegenwärtige Raumplanungsrecht, um tatsächlich grüne, lebenswerte Orte der Zukunft zu schaffen und inwiefern können dabei digitale Werkzeuge unterstützen?

Zunächst gilt es, die Bedeutung für Raumplanung selbst stärker in den Fokus zu rücken. Die traditionell geringen Beteiligungsmöglichkeiten an Planungsprozessen haben zur Folge, dass Raumplanung in der Öffentlichkeit oftmals kaum wahrgenommen wird, obwohl sie zentral für die Bevölkerungsentwicklung und auch die wirtschaftliche Entwicklung von Gemeinden und Regionen ist. Doch auch für Politiker:innen ist das oft als „technisch" und „abstrakt" wahrgenommene Thema vielfach nicht auf der Prioritätenliste. Die obigen Beispiele zeigen, dass eine zielgerichtete Planung notwendig ist, um tatsächlich neuen (und auch nicht so neuen) Ansprüchen an Lebensräume und Infrastruktur gerecht zu werden. Wo wird die notwendige Verkehrs-, Kommunikations- und Energieinfrastruktur geschaffen, wo werden Gewerbe und Industriezonen bzw. Wohngebiete ausgewiesen? Welche Lebensräume sind besonders schützenswert? Die Beantwortung all dieser Fragen entscheidet auch

---

[59] *Bruck* ea, Räumliche Dimensionen der Digitalisierung 63.

[60] Agenda.Zukunft Oberösterreich, Bürgercockpit, <https://www.agenda-zukunft.at/beteiligung/buergercockpit>.

[61] Landentwicklung Steiermark, Beteiligung 2.0, <https://www.landentwicklung-steiermark.at/produkte/beteiligung-2-0>; NÖ Raumordnung, Bürgerbeteiligungs-Assistent, <https://www.raumordnung-noe.at/buergerbeteiligung/buergerbeteiligungs-assistent>.

[62] Land Vorarlberg, Online-Beteiligung „Mitdenken", <https://vorarlberg.at/-/online-beteiligung-in-vorarlberg>.

darüber, welche Orte an Attraktivität gewinnen bzw. verlieren und die Wahl des Wohn- oder Unternehmenssitzes erfolgt in der digitalen Arbeitswelt vielfach nach anderen Kriterien als früher. Digitale Beteiligungsplattformen können hier sicherlich ein gutes Instrument sein, um mehr Aufmerksamkeit und auch Verantwortung für Planungsprozesse zu erzielen. Diese müssen allerdings einerseits so gestaltet sein, dass sie tatsächlich eine breite Beteiligung ermöglichen (idealerweise von zusätzlichen „analogen" Veranstaltungen begleitet) und anderseits das gesamte Planungsverfahren transparent machen – einschließlich der Entscheidungsgrundlagen. Raumplanung muss schließlich immer auch unterschiedliche Interessen in Einklang bringen und diesbezüglich ist ein gutes „Erwartungsmanagement" notwendig, um enttäuschte Beteiligung nicht in Opposition umschwingen zu lassen.

In den Raumordnungsgesetzen wäre zu überlegen, ob die aktuellen Herausforderungen der Transformationsprozesse nicht nach einer systematischen Überarbeitung der Raumordnungsziele und -grundsätze verlangen, um sicherzustellen, dass in künftigen Planungen tatsächlich überall die notwendigen Weichenstellungen – beispielsweise ausreichend Flächen für die (dezentrale) Energieerzeugung oder Berücksichtigung neuer Mobilitätskonzepte – getroffen werden. Eine solche Ausarbeitung könnte z. B. in einer Expertengruppe der Österreichischen Raumordnungskonferenz mit entsprechender Bürgerbeteiligungsmöglichkeit (als Vorschlag für die Landesgesetzgeber) oder direkt auf Landesebene erfolgen und würde eine kritische Auseinandersetzung mit den aktuellen und künftigen räumlichen Herausforderungen ermöglichen.

Schließlich wird es notwendig sein, die in Österreich bisher eher zaghaft genützte überörtliche (regionale) Raumplanung deutlich auszubauen, wofür ebenfalls Impulse von den Landesgesetzgebern erforderlich sein werden. Nicht nur im Energie- und Naturschutzbereich – wie oben aufgezeigt – machen gesellschaftliche, technische, klimatische und wirtschaftliche Entwicklungen nicht vor Gemeindegrenzen halt und erfordern daher einen Blick auf größere, zusammenhängende Räume. Verbindliche regionale Entwicklungskonzepte könnten hier dabei helfen, nachhaltige Zukunftsperspektiven für Regionen und Großräume zu schaffen und die dafür erforderlichen Adaptierungen an der Infrastruktur zu entwickeln. In Zeiten klammer kommunaler Budgets kann schließlich auch die gemeinsame Nutzung von planerischen und digitalen Kompetenzen sowie die gemeinsame Finanzierung von Infrastruktur kein Nachteil sein.

Literatur

Bock-Schappelwein, Welches Home-Office-Potential birgt der österreichische Arbeitsmarkt?, WIFO Research Briefs 4/2020.

Bruck ea, Räumliche Dimensionen der Digitalisierung. Fachliche Empfehlungen und Materialienband, ÖROK-Schriftenreihe Nr 213 (2022).

Damjanovic, Renaissance des Planungsrechts, juridikum 2023, 66.

Faßbender/Köck (Hg), Wege zur Umsetzung der Klimaschutzziele im Umwelt- und Planungsrecht (2024).

Geuder, Einführung in das österreichische Planungs- und Baurecht (2002).
Hauer, Planungsrechtliche Grundbegriffe und verfassungsrechtliche Vorgaben, in Hauer/ Nußbaumer (Hg), Österreichische Raum- und Fachplanungsrecht (2006).
Häusler, Photovoltaik- und Windkraftanlagen ja, aber wo?, NR 2022, 50.
Häusler, Raumentwicklung und Bodenschutz in den jüngsten Novellen der Landesgesetzgeber (Teil I), RdU 2021, 59.
Kanonier, Wirkungsfähigkeit von baulandmobilisierenden Instrumenten im Raumordnungsrecht, bbl 2020, 119.
Kleewein, Instrumente der Raumordnung – Überblick und Ausblick, bbl 2014, 89.
Kleewein, Raumplanung im Spannungsfeld zwischen Recht, Sachverstand und Gestaltungsspielraum, bbl 2019, 213.
König, Umwidmung - Rechtsanspruch oder Baulandwunsch?, immo aktuell 2023, 177.
Madner/Grob, Potentiale der Raumplanung für eine klimafreundliche Mobilität, juridikum 2019, 521.
Muzak, B-VG[6] (2020).
Niederhuber & Partner Rechtsanwälte GmbH, Gutachten zur Umsetzung der Verfahrensbestimmungen der Erneuerbare-Energien-RL in Österreich – zusammenfassende Bewertung („Umsetzungsradar“) (2025) < https://www.erneuerbare-energie.at/presseaussendungen/2025/5/21/dachverband-erneuerbare-energie-kritisiert-bisherige-rediii-umsetzung-und-fordert-bundesweite-vorgaben-durch-eabg>.

Kolibri 360 GmbH
Ferdinand-Jühlke-Straße 7
99095 Erfurt, Deutschland
produktsicherheit@kolibri360.de